Kristian Anderson
Mit Rachel Anderson

Vergiss nie: Ich liebe dich!

Aus dem australischen Englisch
von Evelyn Reuter

BRUNNEN
Verlag GmbH · Giessen

Das englischsprachige Original dieses Buches
»Vergiss nie: Ich liebe dich« erschien im Jahr 2012
unter dem Titel »Days Like These« bei HarperCollins Publishers
Australia Pty Limited, Sydney, Australia. This German edition
published by arrangement with HarperCollins Publishers
Australia Pty Limited.
harpercollins.com.au

FSC
www.fsc.org
MIX
Papier aus verantwortungsvollen Quellen
FSC® C014496

www.brunnen-verlag.de
Lektorat: Petra Hahn-Lütjen
Umschlagfoto: shutterstock
Umschlaggestaltung: Olaf Johannson, spoon design
Satz: Uhl + Massopust, Aalen
Druck: GGP Media GmbH, Pößneck
ISBN 978-3-7655-0933-9

LIEBESGESCHICHTEN GIBT ES WIE SAND AM MEER. UND ES GIBT DIE GESCHICHTE VON KRISTIAN UND RACHEL ANDERSON.

Als Kristian erfuhr, dass er Krebs hatte, wünschte er sich nichts sehnlicher, als seiner Frau Rachel zu zeigen, wie sehr er sie liebte. Das berühmte Video, das er ihr zum 35. Geburtstag schenkte, ging per YouTube um die Welt.

Viele, die Kristian nicht persönlich gekannt haben, fühlten sich durch seinen Blog angesprochen und mit ihm verbunden wie alte Freunde.

Die Geschichte seines kurzen, aber erfüllten Lebens stimmt nachdenklich und macht deutlich, dass das Licht selbst unsere dunkelsten Tage zu durchdringen vermag.

Als Kristian Anderson nach seiner Krebsdiagnose ein Video auf YouTube stellt, eine wunderschöne Liebeserklärung an seine Frau Rachel, werden Millionen von Menschen auf ihn aufmerksam, einschließlich TV-Moderatorin Oprah Winfrey.

Im Hintergrund ihrer Liebesgeschichte steht der tapfere Kampf gegen den Krebs, wie ihn zahlreiche Menschen und ihre Familien Tag für Tag führen.

Vergiss nie: Ich liebe dich! ist Kristians Vermächtnis, das er für Rachel und ihre beiden Söhne, Cody, 5, und Jakob, 3, hinterlassen hat.

*

LESERSTIMMEN ZUM BUCH:

»Die Augen tränen. Total berührend, unendlich traurig und trotzdem voll Glaube, Liebe und Hoffnung.«

Rüdiger Jope, Chefredakteur MännerMagazin MOVO

»Ich konnte nicht mehr aufhören zu lesen: mitfühlend, ehrlich, kurze Sätze. Kristian ist keiner, der schwafelt. Sehr angenehm. Am Schluss habe ich nur noch geheult. Auch über Kristians Dankbarkeit für so vieles, obwohl es gegen Ende so schlecht steht.«

Maria Hofmeister, Buchhändlerin

»So traurig, so kraftvoll – und spannend von der ersten bis zur letzten Seite.«

Luitgardis Parasie, Pastorin, Autorin,
NDR-Expertin für Lebenhilfe

Für Cody Israel und Jakob Judah.
Es war alles für euch.

INHALT

VORWORT

von Rachel Anderson

Ring the bells that still can ring
Forget your perfect offering
There is a crack in everything
That's how the light gets in.

Läute die Glocken, so lange sie noch klingen,
Vergiss die perfekte Opfergabe,
Denn alles ist vergänglich und zerbrochen,
Doch durch die Risse dringt das Licht.

Leonhard Cohen: »Anthem«

Mein Name ist Rachel Anderson, und ich bin Kristian Andersons Frau. Ich will nicht sagen »war«, obwohl Kristian diese Welt am 2. Januar 2012 verlassen hat.

Kristian, mein Ehemann und Vater unserer zwei Söhne Cody und Jakob, war Fernsehredakteur, Musiker und ein gläubiger Mann. Seine letzten beiden Lebensjahre waren geprägt vom Kampf gegen Darm- und Leberkrebs. Um Freunde und Familienangehörige auf dem Laufenden zu halten, nutzte er seinen Blog »How the Light Gets In (http://howthelightgetsin.net)«, ein Name, zu dem ihn ein Songtext von Leonhard Cohen inspiriert hat, und der, wie er sagte, gut zu seiner Lebenssituation passte.

Bald stellten wir fest, dass Kristians Blog von viel mehr Leuten gelesen wurde als von Freunden und Bekannten. Über eine Viertelmillion Besucher aus der ganzen Welt klickten sich auf seine Seite, sehr viele aus Australien, den USA und Neuseeland, aber auch aus über 150 anderen Ländern. In der Woche, in der er starb, wurde seine Seite 450000 Mal aufgerufen.

In den letzten Monaten seines Lebens schrieb Kristian an einem Buch, das er Cody, Jakob und mir zur Erinnerung hinterlassen wollte, mit Textauszügen und Fotos von seinem Blog.

Jetzt, wo er nicht mehr bei uns ist und mit etwas zeitlichem Abstand, schien mir die Veröffentlichung dieses Buches, *seines Buches,* eine gute Möglichkeit, ihm ein ehrendes Andenken zu bewahren.

Hier ist es also. Und ich hoffe, dass es für viele Männer und Frauen zum Segen wird.

Rachel Anderson

1

Kristian Anderson

Für alle, die es noch nicht wissen

LÖSCHEN UND ZURÜCKSPULEN

Für alle, die es noch nicht wissen:
Ich habe Krebs.
Im Darm und in der Leber.
Ich bin 34 Jahre alt.
Ich habe eine wunderbare Frau und zwei kleine Jungs unter drei Jahren.

KEINE NACHRICHTEN SIND GUTE NACHRICHTEN?

Freitag, 2. Oktober
Nach einer Reise in die USA zur Hochzeit eines Freundes in der letzten Septemberwoche 2009 landete ich in Sydney mit dem üblichen Jetlag, den ein 13-stündiger Flug mit sich bringt. Ich dachte mir nichts dabei und nahm mein übliches Arbeitspensum wieder auf.

Im Büro habe ich den Videoschnittplatz aufgeräumt. Ein bisschen Datenarchivierung gemacht. Den Computer runtergefahren und alle Geräte ausgeschaltet, da ich in den nächsten acht Wochen an einem Schnittplatz in den Fox Studios sitzen werde, an einem Auftrag für die Kochsendung *Come Dine With Me Australia*.

Samstag, 3. Oktober
Bin zu den Grove Studios rausgefahren, um ein paar Demo-Aufnahmen mit einer jungen Band aus Newcastle zu machen. Nichts Besonderes, aber wir haben alles erfolgreich eingespielt, und es klang so, wie es sollte.

»PAPA, GEH ZUM DOKTOR«

Das waren die Worte meines fast drei Jahre alten Sohnes, Cody. Er fragte, wie es mir so geht, was er oft tut, und ich habe gesagt, dass ich Bauchweh hätte.

Montag, 5. Oktober
Feiertag. Wachte mittags um 12 mit heftigem Seitenstechen auf. So wie man es vom Joggen her kennt, ihr wisst, was ich meine. Ein ziemlich fieses Stechen, aber ich versuchte, es zu ignorieren. Nachmittags um fünf immer noch keine Besserung, ich also ab zum Arzt, von Rachel und Cody freundlich aber bestimmt dazu gedrängt. Fuhr zum Warringah Mall Medical Centre und traf zum ersten Mal in zehn Jahren einen Arzt, der ein echtes Interesse an mir zu haben schien. Wie sich rausstellte, macht er einen Online Songwriting Kurs beim Berklee College of Music in Boston und fährt auf Musik und Audiotechnik ab. Wir verstanden uns super. Der Doc sagt, ich hätte wahrscheinlich eine Reisethrombose von dem langen Flug, aber weil ich was von Blut im Stuhl gesagt hatte, schickt er mich als Notaufnahme in die Klinik zum Spezialisten.

18 Uhr: Ich werde ins Krankenhaus eingewiesen, ins Manly Hospital. CT-Scans werden gemacht, und gegen 23 Uhr steht fest, dass ich ein Blutgerinnsel in der Lunge habe. Ich bekomme blutverdünnende Medikamente und die Anweisung, über Nacht zu bleiben.

»D-DAY« – TAG DER DIAGNOSE

Ab hier gliedert sich unser ganzes Leben in »vor der Diagnose« und »nach der Diagnose.« Ein Einschnitt, auf den wir gern verzichten würden, aber er lässt sich nun mal nicht ignorieren.

Dienstag, 6. Oktober

Nach einer Nacht fast ohne Schlaf (Intensivstation, das Licht brennt durchgehend) plaudere ich mit den Schwestern, die mir mitteilen, dass meine Behandlung ganz einfach sein wird: täglich eine Injektion von Warfarin (Blutverdünner) und eine Blutprobe, und das war's. Sechs Monate lang, dann sollte alles wieder in Ordnung sein. Finde mich damit ab, dass ich mich selbst spritzen muss und beschließe, mich zu entlassen, auf eigene Verantwortung.

Frage: Warum gehe ich das Risiko ein, obwohl die Ärzte dagegen sind?

Antwort: Ich bin beruflich selbstständig und habe ein neues, achtwöchiges Projekt, bei dem ich schon den ersten Tag gefehlt habe. Kein besonders guter Eindruck bei einem neuen Kunden, obwohl man für meine Lage Verständnis hat.

Klappte beim Unterschreiben der Entlassungspapiere beinahe zusammen und bin deshalb doch zum Bleiben gezwungen.

Mein Zimmer ist inzwischen von einem anderen Patienten belegt, jetzt sitze ich auf dem Flur. Nach einer knappen Stunde erscheint Rachel mit Jakob im Schlepptau; Cody ist noch im Kindergarten.

Die Fachärztin will uns sprechen. Sagt, es gab ein Missverständnis. Dass sie für die Arztberichte eine Spracherkennungssoftware nutzen, und der Computer habe »Blutgerinnsel vorhanden« verstanden anstatt »kein Blutgerinnsel vorhanden«, wie sie diktiert hatte. Das täte ihr leid, aber bei der Gelegenheit wollte sie mir sagen, dass man am unteren Bildrand meines Lungen-Scans etwas Ungewöhnliches entdeckt habe, an meiner Leber. Es handle sich um Gewebeveränderungen, die ihr Sorgen machten, und die sie gern abklären würde. Ein weiterer Scan sei notwendig, denn bei meinen Symptomen sei nicht auszuschließen, dass ich Krebs hätte. Aber sicher könne man natürlich erst nach der Untersuchung sein.

Erinnert ihr euch an das Gefühl in der Magengrube, wenn man als Kind etwas ausgefressen hatte und dabei erwischt wurde? Das Gefühl, dass gleich etwas Furchtbares passieren wird? Genau das. So wurde mir in dem Moment. Rachel und ich sitzen stumm da, während Jakob auf dem Boden rumkrabbelt und seine Umgebung erkundet, wie kleine Kinder das gerne tun. Bin so froh, dass er noch nicht versteht, worum es geht.

Wer schon mal im Krankenhaus war, der weiß, dass man dort viel Zeit mitbringen muss. Als wir endlich fertig sind, ist der Vormittag rum, und Rachel muss Cody vom Kindergarten abholen. Außerdem ist heute der Tag, an dem Rachels Eltern aus Auckland ankommen. Sie wollen im Radfahren an den australischen *Masters Games* (die in ein paar Tagen stattfinden) teilnehmen. Das gibt Rachel Gelegenheit, Cody bei Oma und Opa abzusetzen, und er ist im siebten Himmel.

In einem Wartezimmer herumzusitzen, ist schon bei kleineren Wehwehchen kein Vergnügen, geschweige denn bei Verdacht auf Krebs. Kein guter Aufenthaltsort für mich. Noch dazu allein und umgeben von den beunruhigenden Geräuschen der Intensivstation. Ich beginne zu beten. Ich habe keine hochtrabenden Worte. Keine ausformulierte Bitte an den Allmächtigen. Nur drei Wörter:

Gott, hilf mir.

Alles ist bereit für die nächste Computertomografie, und ich trinke einen Liter orales Kontrastmittel und lege mich hin, während das Gerät eingestellt wird. Mein Handy klingelt, es ist Rachels Klingelton, *Take On Me* von *a-ha* (ich hatte an *I Touch Myself* von den Divinyls gedacht, aber Rachel sagte, wenn ich den Song nehme, würde sie mich nie wieder anrufen). Plötzlich ergreift mich panische Angst. Am anderen Ende der Leitung ist meine Frau, und der Gedanke, sie und die Kinder zu verlieren, ist mehr, als ich ertragen kann, und mich überkommt das heulende Elend. Versuche stillzuhalten, während ich in die Röhre geschoben werde, doch mein Körper wird vor Schluchzen geschüttelt. Irgendwann gelingt es mir, mich lange genug zusammenzureißen, damit das Gerät seine Arbeit tun kann, dann rollt man mich zurück ins Krankenzimmer.

Rachel kommt. Mehr Schluchzen. Alle beide. Der kleine Raum mit der hohen Decke wirft das Echo zurück. Jude, die schottische Ärztin, erscheint und nimmt mir die Kanüle raus, damit ich heimgehen kann. Sie weiß Bescheid, ich spüre es an der Art, wie sie mich ansieht und sanft meinen Arm berührt. In einem Zimmer am anderen Ende des Flurs scharen sich die Fachärzte um meine CT-Bilder. Kopfnicken und vielsagende Blicke. Unsere Ärztin kommt rein und bestätigt, dass es Krebs ist. Nicht primär in der Leber, sondern vermutlich vor allem im Darm. Gehen Sie heim, ruhen Sie sich aus, und kommen Sie in ein paar Tagen zur OP wieder.

Rachel fährt in ihrem Wagen, ich in meinem. Auf halber Strecke verliere ich wieder die Fassung, und die Straße verschwimmt vor meinen Augen. Keine wohlformulierten Gebete, keine ehrfürchtigen Äußerungen, keine heiligen Worte … bloß Tränen … Schreien zu Gott.

Gott, hilf mir.

IN GESUNDHEIT UND KRANKHEIT

Rachel und ich können einander nicht ansehen, ohne in Tränen auszubrechen. Vor den Kindern die Haltung zu bewahren, ist schwer. Wir wollen nicht, dass sie es merken, denn sie können die Tragweite des Geschehens noch nicht begreifen. Weinend schliefen wir ein und weinend wachten wir auf. Ich fühlte, wie Rachel in der Nacht ihre Arme um mich schlang, und wie ihr Körper vor Schluchzen bebte.

Es ist einfach nicht wahr. Das ist nicht unser Leben.

BLEIBEN SIE GANZ LOCKER

Das genaue Datum habe ich vergessen, aber irgendwann landeten wir wieder im Sprechzimmer des Chirurgen. Er war sehr sachlich, was mir in der Regel lieber ist, und nannte noch einmal, womit wir es zu tun haben: Krebs. Er ordnet eine Darmspiegelung an und verabreicht mir ein Mittel namens PicoPrep, die schnellstmögliche Methode, um meinen Darm zu entleeren, bevor er mir die Kamera in den Allerwertesten schieben und sich in meinen Eingeweiden umsehen wird.

Jeder glücklich heterosexuelle Mann wird sich des Peinlichkeitsfaktors dieser Prozedur bewusst sein. Ich kann nicht behaupten, dass ich mich darauf freue.

O WÜRDE, WO BIST DU GEBLIEBEN?

Freitag, 9. Oktober

Zurück im Manly Hospital. Vor mir liegt die entwürdigende Prozedur der (End-)Darmspiegelung.

9 Uhr morgens: Alles ist bereit, ich kriege eine Spritze in den Arm, die Sauerstoffmaske an … fühle mich schläfrig.

Schließe die Augen.

Öffne die Augen.

Frage, wann es endlich losgeht und wir es hinter uns bringen. Die Schwester sagt, es ist jetzt 10.30 Uhr, und der »Eingriff« ist schon vorbei.

Ich erinnere mich an nichts. Nur, dass mich Außerirdische gekidnappt und wehrlos gemacht haben, damit sie mich anderthalb Stunden lang gründlich studieren konnten, bevor sie mich auf die Erde zurück und in dieselbe Position brachten, in der sie mich vorgefunden haben. Ich spüre keine Schmerzen, sie müssen also vorsichtig gewesen sein. Aber ich will mir lieber keine Details ausmalen. Die Narkose lässt nach, und Rachel fährt mich nach Hause. Ich bin dankbar, dass die Klinik nur zehn Minuten entfernt ist. Wir folgen der Küstenstraße, an Manly Beach vorbei. Wenigstens habe ich eine schöne Aussicht aufs Meer, während ich die Untersuchung verarbeite.

IM TAL DES TODESSCHATTENS

Wieder im Sprechzimmer des Chirurgen.

Ja, es ist Darmkrebs. Der Tumor sitzt gut 45 cm vom Darmausgang entfernt, ist zirka 2 cm groß und verengt den Dickdarm zu etwa 75 Prozent. Aus Größe und durchschnittlicher Wachstumszeit lässt sich schließen, dass er seit ungefähr anderthalb Jahren existiert. Das erklärt auch den erschwerten Stuhlgang in letzter Zeit. Inzwischen hat er sich auf die Leber ausgedehnt, aber das wissen wir ja bereits.

Na prima.

Ich kriege eine Überweisung zum Onkologen und darf erst mal nach Hause. Ich fühle mich seltsam ruhig.

Auch wenn ich wandere im Tal des Todesschattens,
fürchte ich kein Unheil,
denn du bist bei mir;
dein Stecken und dein Stab, sie trösten mich.

Psalm 23,4

Ich weiß jetzt, was es heißt, durchs »Tal des Todesschattens« zu wandern. Aber jeder Schatten muss im Licht verblassen.

In 1. Johannes 1,5 heißt es:
Das ist die Botschaft, die wir von Christus gehört haben und die wir euch weitersagen: Gott ist Licht. Bei ihm gibt es keine Finsternis.

Ich schreibe eine Mail an einen Freund:

Aus irgendeinem Grund wächst mein Glaube, wenn es mir schlecht geht, so wie jetzt. Ich ahne den Kampf, der vor mir liegt, aber auch den Sieg. Ich habe Angst vor den medizinischen Prozeduren, die mir bevorstehen. Mein Körper wird durch die Hölle gehen, ganz zu schweigen von den psychischen Belastungen … dennoch habe ich Hoffnung. Echte Hoffnung. Ich werde gestärkt daraus hervorgehen, und man wird von einem Wunder reden. Es ist Zeit, dem Feind ins Auge zu sehen.
Wie armselig sind seine Methoden! Seine Aufklärungsstaffel sollte gehängt und gevierteilt werden. Ich werde ihn bis zum Äußersten bekämpfen, und er wird in seinem Lager schreckliche Verluste erleiden.
Ich werde sagen: Weißt du nicht, wer ich bin? Weißt du nicht, wen du herausforderst? Weißt du nicht, wer für mich kämpft? Du wirst den Tag bereuen, an dem du dich mit mir angelegt hast. Darauf kannst du dich verlassen.

Gott sagt: »Er liebt mich von ganzem Herzen, darum will ich ihn retten. Ich werde ihn schützen, weil er mich kennt und ehrt. Wenn er zu mir ruft, antworte ich ihm. Wenn er keinen Ausweg mehr weiß, bin ich bei ihm. Ich will ihn befreien und zu Ehren bringen. Bei mir findet er die Hilfe, die er braucht; ich gebe ihm ein erfülltes und langes Leben!« (Psalm 91, 14–16).

ONKOLOGIE

Ein Wort, von dem ich nie gedacht hätte, dass es einmal Eingang in meinen alltäglichen Sprachgebrauch finden wird.

Onkologie.

Bin mal wieder im Manly Hospital, fahre hoch zur Onkologiestation. Sehr still ist es hier. Ein paar Leute sitzen herum und warten auf ihre Chemotherapie. Noch ein paar Wochen, dann werde ich auch hier sitzen.

Drinnen im Sprechzimmer kriegen wir die ersten Infos. Was nervt, ist die ewige Warterei. Auf Informationen oder Bestätigungen oder beides. Ich komme mir vor wie jemand, der an einem dünnen Seil über einer Klippe hängt und im Wind hin und her baumelt.

Warten.

Noch mehr Warten.

Ja. Nein. Vielleicht.

Verdammter Mist.

Der Chirurg äußert sich nicht zum onkologischen Aspekt und der Onkologe nicht zum chirurgischen. Okay, das sehe ich ein. Trotzdem wüsste ich gern, woran ich bin.

Endlich rückt er mit ein paar konkreten Fakten raus. Im Klartext heißt das: Chemotherapie. Drei Monate lang und im Zwei-Wochen-Rhythmus.

EIN BESUCH BEI DER »BANK«

Vor der Chemotherapie müssen Rachel und ich jetzt auch eine Entscheidung in Sachen »Familienplanung« treffen.

Rachel wünscht sich mehr Kinder, aber die Chancen stehen 50:50, dass die Chemo meine kleinen Schwimmer außer Gefecht setzt. Da wir das Risiko nicht eingehen wollen, verweist man uns auf die Segnungen der Reproduktionsmedizin und rät uns, bei IVF Australia ein »Depot« anzulegen.

Nun, ich hatte zuvor von diesen Dingen gelesen, etwas zu dem Thema in Filmen gesehen oder diverse Geschichten gehört, aber nichts hat mich darauf vorbereitet, was ich erleben würde.

An einem Samstagmorgen machen wir uns auf zu dem unscheinbaren Gebäude der Kinderwunschklinik am Pacific Highway in Greenwich, auf dem Weg zum neunzigsten Geburtstag meiner Oma. Ich gehe allein rein, Rachel und die Jungs warten im Auto. An der Rezeption oben im ersten Stock sitzen nur Frauen.

Na toll. Als ob die Situation nicht schon peinlich genug wäre.

Fülle alle möglichen Formulare und Erklärungen aus, die das Krankenhaus von der Haftung entbinden, falls etwas schiefgehen sollte, dann werde ich ins Sprechzimmer gebeten. Dort empfängt mich kein Arzt, sondern eine nicht unattraktive asiatische Ärztin, ungefähr in meinem Alter. Es wird ja immer besser.

Mehr Formulare zum Ausfüllen, deren Terminologie mich leicht zum Erröten bringt, aber, was soll's, es geht ja nur um den medizinischen Aspekt, nicht wahr? So wie bei allem. Wie bei der Kamera in meinem Hinterteil. Alles rein wissenschaftlich. Kann mich mal jemand für einen Nobelpreis vorschlagen, für Physiologie oder Medizin? Meine Güte, wenn Obama einen Friedensnobelpreis kriegt, dann habe ich auch eine Auszeichnung verdient.

Als Nächstes führt mich die hübsche Ärztin zu meiner Kabine, und ich trete ein. Nach dem, was ich vom Hörensagen kenne, erwarte ich einen Stapel Pornomagazine, aber nichts da. Auch bei den Samenbanken hat das digitale Zeitalter Einzug gehalten. Kein einziges Heft liegt herum, stattdessen entdecke ich einen matt glänzenden, weißen Samsung LCD Monitor, ordentlich verkabelt und mit AV-Receiver. Alles vom Feinsten. Aus purer Neugier drücke ich »ON«, und das Gerät fährt sich hoch. Vielleicht die Nachrichten oder der Wetterbericht?

Nein.

Ich hätte es wissen müssen. Fernseher wieder aus.

Egal, den Rest brauche ich nicht zu schildern. Hinterher verließ ich das Gebäude auf dem schnellsten Weg. Hatte die Befürchtung, dass ich noch mal wiederkommen muss. Die Ärztin sagte, normalerweise seien bis zu drei Proben nötig, um genügend brauchbare Spermien zu gewinnen. Mir graut bei dem Gedanken, dass ich das Ganze noch zweimal wiederholen soll. Zum Glück kam ein paar Stunden später ein Anruf der Ärztin, die sagte, dass die Menge der verwertbaren und zum Einfrieren benötigten Spermien ausreichend sei und ich nicht wiederkommen bräuchte. Hurra!

Zu Rachel sagte ich, sie soll mir lieber nicht auf die Hose gucken, sonst würde sie schon vom Anschauen schwanger werden. Vielleicht lag es ja an meiner auffälligen Superman-Unterwäsche.

Egal, wenn's denn hilft.

FEHLSTART

Hätte heute mit der Chemotherapie beginnen sollen. Stellte mich auf einen langen Tag ein: Informationen, Untersuchungen, Legung der PICC-Line (ein zentraler Venenkatheter, also ein Schlauch in meinem Arm, durch den die Medikamente direkt in meine Vene geleitet werden können), und dann die erste Chemo-Infusion. Bald wird mir klar, dass so ein PICC-Katheter ziemlich unpraktisch ist. Ständig muss der sterile Verband gewechselt werden, ich kann damit nicht schwimmen gehen (das Wetter ist warm und sonnig und der Strand herrlich so früh morgens), doch was mich am meisten stören würde, ist das ganze Zeug, das aus meinem Arm heraushängt. Wie soll ich das mit zwei kleinen Kindern unfallfrei überstehen? Jakob, der noch nach allem greift und damit spielen will, würde sofort versuchen, die baumelnden Schläuche herauszuziehen. Das Wörtchen »nein« zeigt bei ihm meistens keine Wirkung, und die einzige Möglichkeit, die PICC-Line zu retten, wäre, mich weitgehend von ihm fernzuhalten. Und das kommt überhaupt nicht infrage.

Also haben wir uns für einen Portkatheter (oder Port) entschieden. Er besteht im Wesentlichen aus einem Silikonkissen unter der Haut, in das die Medikamente gespritzt werden, und einem Katheter, der direkt in die entsprechende Vene mündet. Der Port wird durch einen kleinen operativen Eingriff eingesetzt, danach kann er über Jahre im Körper bleiben. Ich kann mich damit normal bewegen (falls ich jemals »normal« war), und er ist, verglichen mit der PICC-Line, relativ einfach zu pflegen. Außerdem ist er für das untrainierte Auge völlig unsichtbar, das heißt, die Kinder werden keine komischen Schläuche oder Kabel aus Daddys Arm heraushängen sehen. Ein weiterer Vorteil.

Die Kehrseite ist, dass man damit nicht sofort mit der Behandlung loslegen kann, sondern warten muss, bis die Wunde verheilt ist. Aber mit der Aussicht auf ein einfacheres Handling bei der Chemo warte ich gerne. Ungünstig ist allerdings, dass sich somit mein Chemo-Zyklus um eine Woche verschiebt. Meine Schwägerin, die Ärztin ist, kommt im November zu Besuch, und jetzt habe ich gerade in dieser Woche keine Behandlung. Ich hatte gehofft, dass sie zur Chemo mit in die Klinik kommen und sich ein Bild von der Onkologiestation machen könnte und so weiter. Aber das geht nun leider nicht. Macht nichts. Habe heute noch einen neuen Arzt kennengelernt: den Gefäßchirurgen, der den Port einpflanzen wird. Er ist mindestens der siebte Arzt in vierzehn Tagen.

Diese Woche ist meine Mutter noch hier, das heißt, wir haben einen Babysitter für heute Abend. Es ist ziemlich selten geworden, dass Rachel und ich Zeit für uns beide allein haben. Heute wollen wir mal wieder ins Kino. Nicht besonders romantisch, ich weiß. Außerdem ist dienstags Kinotag, es wird also brechend voll sein, aber das ist egal. Schon die Tatsache, dass Rachel und ich mal zu zweit irgendwohin gehen können, ist etwas Besonderes. Und ich freue mich darauf, ein paar Stunden an nichts denken zu müssen.

MIT ALLER KRAFT

Verbrachte den gestrigen Tag wieder in Gesellschaft des supernetten Personals im Manly Hospital. Nein, ich bin nicht sarkastisch; die Leute dort sind wirklich toll. Alle – die Mitarbeiter in der Patientenaufnahme, die Schwestern und Pfleger und die Ärzte – sind total freundlich und umsichtig. Ich finde, unser Gesundheitssystem wird in den Medien oft zu Unrecht schlechtgemacht. Wisst ihr eigentlich, wie gut es uns geht? Die ganze medizinische Versorgung läuft, ohne dass wir zahlen müssen! Medicare, unsere staatliche Krankenversicherung, kommt für sämtliche Kosten auf. Ist das nicht unglaublich? Was ist das für ein herrliches Land, in dem ich lebe, in dem der Staat die gesamten Kosten für meine medizinische Behandlung trägt? Allein schon ein Medikament für die Chemotherapie kostet $ 5000 im Monat. Australien wird oft als »The lucky country« bezeichnet, als Land, in dem es sich gut leben lässt, und jeder, der behauptet, dass das nicht mehr so sei, liegt voll daneben! Jeder, der hier leben darf, kann sich glücklich schätzen.

Heute war trübes, graues Wetter, ein Tag, den man gern freiwillig in geschlossenen Räumen verbringt. Der perfekte Tag also für den Portkatheter-Eingriff. Fuhr um 11.00 Uhr mit Rachel in die Klinik, wurde für die OP vorbereitet und wartete. Rachel hatte

Kristian hält Jakob auf dem Schoß während einer Chemotherapie.

zu tun und musste noch mal weg, und die Schwestern sagten ihr, sie würden sie anrufen, wenn ich fertig sei. Dann kriegte ich eine Kanüle in den Arm, die Sauerstoffmaske auf, und man machte mir ein Kreuz auf die Brust, quasi als Markierung »Bitte hier aufschneiden«. Ohne Witz. Zum Glück konnten alle im OP die Gebrauchsanweisung lesen, und als ich aus der Narkose aufwachte, tat es an der richtigen Stelle weh.

Mit dem Narkosemittel haben sie mich diesmal komplett abgeschossen. Noch nie war ich nach einer Narkose so groggy. Mein Mund war trocken, meine Zunge wollte mir nicht gehorchen, sodass ich nur halb so schnell sprechen konnte wie sonst.

Krampfhaft versuchte ich, die Augen zu öffnen, doch es wollte mir nicht recht gelingen. Ein komisches Gefühl. Als ich sie endlich aufkriegte, war es fast 19.00 Uhr. Meine Mutter war zu Hause und passte auf die Kinder auf, und Rachel kam kurz darauf, um mich abzuholen.

Cody war außer sich vor Freude, dass ich wieder da war, doch offensichtlich hatte man ihm eingeschärft, dass er vorsichtig sein müsste, da Papa Schmerzen in der Schulter haben würde. Der arme Junge. Als ich ihn in den Arm nehmen wollte, wich er zurück und rief: »Neeiiin! Dir tut meine Schulter weh, Daddy.« Cody verwechselt manchmal noch »mein/dein« oder »mir/dir«, aber ich verstand, was er meinte. Ich zeigte ihm meine »Krankenhaus-Sticker«, wie er die Pflaster nennt, und er betrachtete sie beeindruckt. »Coole Sticker, Dad.«

Bei all dem ist es schön zu wissen, dass es Menschen gibt, die mich bedingungslos lieben. Ich kann mir nicht vorstellen, wie es sein muss, in der Situation niemanden zu haben, auf den man sich stützen kann.

Ich gehe durchs Haus und sehe überall auf dem Boden verstreut die Spielsachen der Jungs liegen und finde es schön.

Ich sehe eines von Rachels Büchern über Chemotherapie und deren Auswirkungen auf ihrem Nachttisch und weiß: Die Frau, die ich geheiratet habe, liest sich Hintergrundwissen an, damit sie an meiner Seite kämpfen kann.

Bei unserer Hochzeit habe ich ihr in meinem Eheversprechen gelobt, dass ich für sie kämpfen werde. Ich hätte nie gedacht, dass der Kampf einmal auf dieser Ebene stattfinden würde, aber ich werde sie nicht im Stich lassen. Ich werde gegen diese Krankheit kämpfen, mit aller Kraft, die mir gegeben ist, und wenn ich keine Kraft mehr habe, um weiterzugehen, will ich darauf vertrauen, dass mein Gott mich trägt.

Aber alle, die ihre Hoffnung auf den Herrn setzen, bekommen neue Kraft. Sie sind wie Adler, denen mächtige Schwingen wachsen. Sie gehen und werden nicht müde, sie laufen und sind nicht erschöpft.

Jesaja 40,31

NEULAND

Die letzte Woche war … intensiv.

Gleich am Montag ging es los mit einer fünfstündigen Infusion im Krankenhaus.

Damit ihr euch ein Bild machen könnt von der Gefährlichkeit der Medikamente, die ich kriege: Allein, um mit den Beuteln zu hantieren, trug die Krankenschwester ellenbogenlange Gummihandschuhe, eine Atemmaske und eine Art Ganzkörperschutzanzug. Die hochgiftige Flüssigkeit darf auf keinen Fall aus dem Beutel entweichen, bevor sie durch einen Schlauch in meine Vene tropft. Während die Schwestern sorgfältig darauf achten, dass sie nicht mit den Medikamenten in Berührung kommen, haben sie anscheinend keine Bedenken, mich damit vollzupumpen. Als ob das nicht ausreichen würde, um einem graue Haare wachsen zu lassen, bin ich bei meiner Recherche über Chemotherapie darauf gestoßen, dass sie ein Nebenprodukt der chemischen Kriegsführung ist. Als Krebstherapie wurde sie per Zufall entdeckt, nachdem Ärzte im Zweiten Weltkrieg Autopsien an Soldaten durchgeführt hatten, die durch Senfgas ums Leben gekommen waren. Die Methode, bei der lebende Zellen zerstört werden, wurde über die Jahre verfeinert und zu der Behandlung weiterentwickelt, die ich jetzt bekomme.

Und damit ist nicht zu spaßen. Um die Tumore zu zerstören, werden auch gesunde Zellen meines Körpers abgetötet.

Ich denke, Chemotherapie lässt sich mit einem einzigen Wort beschreiben:

Brutal.

Eigentlich fühlte ich mich ganz okay direkt nach der ersten Infusion, auch am Tag danach, nur ein bisschen flau im Magen. Konnte sogar ganz normal arbeiten.

Dafür traf es mich am dritten Tag umso heftiger: Übelkeit, Erbrechen, Fieber, Schweißausbrüche und Durchfall, dass es nicht mehr lustig war. Und fünfzehn Stunden ununterbrochen Schluckauf. Da ich nichts bei mir behalten konnte, war ich bald völlig ausgetrocknet.

Fahre also aus dem Studio in die Klinik, um mit der Onkologieschwester zu sprechen.

(Mentale Notiz für die Zukunft: Nicht ans Steuer setzen, wenn man jeden Moment ohnmächtig werden kann. Sollte vielleicht das Kleingedruckte in meiner Versicherungspolice lesen.)

Im Krankenhaus starren mich die Schwestern entsetzt an, und man bringt mich sofort in die Notaufnahme. Nach einer Reihe von Untersuchungen erfahre ich, dass man mich über Nacht dabehalten will. Immerhin kriege ich ein Einzelzimmer mit Blick aufs Meer und den Hafen bei Sonnenuntergang. Trotzdem würde ich lieber nach Hause.

Im Krankenhaus verbringt man einen Großteil der Zeit mit Warten, und es fällt schwer, in der trostlosen Umgebung optimistisch zu bleiben und sich nicht von negativen Gedanken runterziehen zu lassen. Ich brauche nicht zu betonen, dass ich keine angenehme Nacht verbracht habe, trotz der fantastischen Aussicht aus meinem Fenster. Ständig musste ich an Rachel, Cody und Jakob denken. In der Dunkelheit und Einsamkeit meines Zimmers höre ich die Stimme der Angst, die mich verhöhnt. Meine Fantasie gaukelt mir schreckliche Bilder und alle möglichen Katastrophen vor, und ich weine hemmungslos.

Plötzlich macht es innerlich »klick«.

Moment mal.

In der Bibel steht:

Er wurde verachtet, von allen gemieden. Von Krankheit und Schmerzen war er gezeichnet. Man konnte seinen Anblick kaum ertragen. Wir wollten nichts von ihm wissen, ja, wir haben ihn sogar verachtet.

Dabei war es unsere Krankheit, die er auf sich nahm; er erlitt die Schmerzen, die wir hätten ertragen müssen. Wir aber dachten, diese Leiden seien Gottes gerechte Strafe für ihn. Wir glaubten, dass Gott ihn schlug und leiden ließ, weil er es verdient hatte.

Doch er wurde blutig geschlagen, weil wir Gott die Treue gebrochen hatten; wegen unserer Sünden wurde er durchbohrt. Er wurde für uns bestraft – und wir? Wir haben nun Frieden mit Gott! Durch seine Wunden sind wir geheilt.

Jesaja 53,3–5

Durch seine Wunden bin ich geheilt.

Durch seine Wunden bin ich geheilt.

Durch seine Wunden bin ich geheilt.

Frieden erfüllt den Raum, und ich schlafe ein.

Am nächsten Tag erfahre ich, dass ich mir vermutlich eine Infektion oder irgendeinen Virus eingefangen hatte. Eine Chemotherapie bringt das Immunsystem ganz schön durcheinander. Dass es mich gleich so erwischt, war einfach »großes Pech«, wie der Onkologe sagt. In Zukunft sollten mich die Infusionen nicht mehr so aus der Bahn werfen. Man behält mich noch einen Tag zur Beobachtung da, und am Freitagnachmittag darf ich endlich nach Hause.

Als ich heimkomme, ist Cody im Kindergarten und Jakob superglücklich, mich zu sehen, und wir knuddeln und kuscheln ausgiebig auf dem Sofa. Jede Sekunde ist ein Geschenk. Ein Schatz, so wertvoll, dass es sich nicht mit Worten beschreiben lässt.

Ich spüre mehr und mehr, dass in mir – wie eine seismografische Verschiebung – eine entscheidende Veränderung stattfindet. Natürlich kann man sich sagen »Ich werde das durchstehen«, wenn man die Diagnose auf dem Papier bekommt. Aber in dieser Schlacht auf Leben und Tod bei der Stange zu bleiben, wenn man mittendrin steckt, ist etwas völlig anderes. Es ist ein Kampf nicht

Kristian zog sich nach seiner ersten Chemotherapie eine Infektion zu und musste einige Tage in der Klinik verbringen. Cody und Jakob durften ihn besuchen.

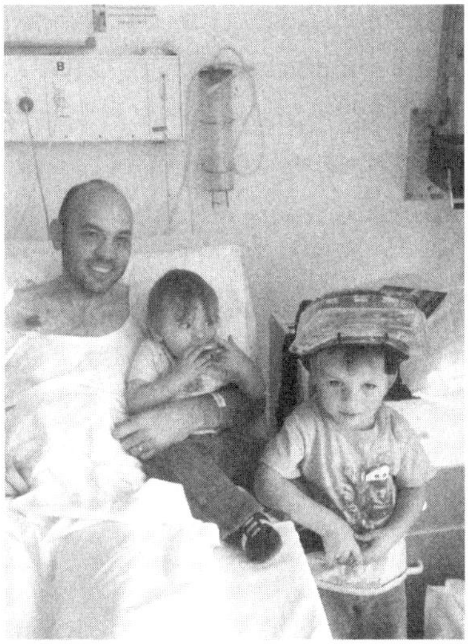

nur auf körperlicher, sondern auch auf psychischer und geistlicher Ebene. Wer der eigenen Sterblichkeit ins Auge gesehen hat, wird nie mehr derselbe sein.

Das ist nun mal die Realität.

Mein Körper wird diesen Mordanschlag überleben, da bin ich ganz sicher, aber der alte Kristian, aus der Zeit vor der Krebsdiagnose, ist tot.

WARTESCHLEIFE

Ich bin unruhig und gereizt, und ich weiß nicht mal, warum.

Das nervt. Ich meine, das nervt mich *wirklich*.

Meistens bin ich so müde, dass ich alles nur in ganz kurzen Zeitintervallen tun kann. Plötzliche laute Geräusche explodieren in meinem Gehirn wie Feuerwerkskörper in der Toilette. Es fällt mir schwer, überhaupt einen klaren Gedanken zu fassen; es ist, als ob man eine Fliege fangen wollte, die im Zickzack durchs

Zimmer brummt. Bei den Jungs reißt mir oft der Geduldsfaden, und es macht mich fertig, dass ich so unbeherrscht bin, obwohl ich meine Kinder liebe. Hinzu kommt das Gefühl, dass Rachel alles allein machen muss, und das ist nicht fair ihr gegenüber. Sie ist diejenige, die dafür sorgt, dass unser Haushalt nicht völlig im Chaos versinkt, und muss jetzt obendrein mit meinen Stimmungsschwankungen klarkommen.

Und beklagt sie sich darüber? Natürlich nicht. Sie ist keine durchschnittliche, Nullachtfünfzehn-Frau. Sie ist die Beste.

Die Allerbeste.

Ich kann nicht mehr annähernd so weiterarbeiten wie zuvor, das heißt, meine Erwerbsfähigkeit ist drastisch gesunken. Den Kunden, die mich anrufen, sage ich ganz offen, dass ich mitten in einer Krebsbehandlung stecke und nur im Zwei-Wochen-Rhythmus arbeiten kann. (In der chemo-freien Woche geht es mir gut, aber die andere Woche kann ich komplett abschreiben.) Wenn sie also einen Auftrag für mich hätten, der in die »gute Woche« fällt …

Sie rufen nicht wieder an.

Ich sehe es als meine Aufgabe, meine Familie zu ernähren, und ich fühle mich als totaler Versager. Ein großer, träger Teigkloß, ein Taugenichts, der den ganzen Tag auf dem Sofa hängt oder im Bett liegt und für alles zu müde ist.

Die Onkologieschwester sagt immer, ich soll auf meinen Körper hören. *Wenn Sie müde sind, dann schlafen Sie. Ihr Körper sagt Ihnen, wann er Ruhe braucht, um sich zu regenerieren. Sie haben starke Medikamente bekommen. Davon müssen Sie sich erst mal erholen, und das ist* völlig in Ordnung. Ich weiß natürlich, dass sie recht hat, aber in den siebzehn Jahren, seit ich mit der Highschool fertig bin, ist das die längste Arbeitspause, die ich je hatte. Sechs Wochen lang geht das schon so, und es ist ein einziger Spagat zwischen der Notwendigkeit, zum Familieneinkommen beizutragen, und dem Bedürfnis, möglichst schnell wieder gesund zu werden. Ich hasse Leerlauf, verschwendete Zeit, verschwendete Kraft und verschwendete Gelegenheiten. Natürlich weiß ich, dass meine Genesung nichts mit Verschwendung zu tun hat. Ganz und gar nicht. Aber ich habe meine Pläne und Ziele. Dinge, die ich unbedingt tun will und muss. Den ganzen Tag hier herumzuhängen und mir den Hintern platt zu sitzen, geht mir gegen den Strich.

BLUTSBRÜDER

Komme mehr und mehr auf den Trichter, dass es in diesem Leben nicht darum geht, was man besitzt oder was man macht.

In meiner Zeit vor dem Krebs habe ich mich über meine Arbeit definiert, über Dinge, die ich gut konnte und den Erfolg, den ich damit hatte, und über die Anerkennung meiner Familie oder meiner Kunden. Ich war stolz auf meine Leistungen. Ich war gut in meinem Job. Sehr gut sogar. Ich arbeitete mit Leuten zusammen, die genauso gut waren, oder mit Spezialisten, die auf ihrem Fachgebiet noch besser waren. So konnten wir unmögliche Deadlines einhalten, ohne dass die Qualität der Arbeit darunter litt.

Wenn es stimmt, dass ein kluger Mann weiß, worin er dumm ist, dann war ich Einstein. Ich kannte meine Schwächen und kompensierte sie, indem ich Leute um mich scharte, die gut in diesen Dingen waren.

Ich glaube immer noch, dass Leistung und Arbeitsethik wichtig sind, aber mir ist klar geworden, dass das nicht alles sein kann. Im Leben geht es nicht um vergängliche Dinge wie Besitz oder Erfolg.

Viel wichtiger ist, wer dich auf deinem Lebensweg begleitet.

Du kannst noch so viele Freunde und Bekannte haben – erst wenn du so richtig vom Sturm gebeutelt wirst, wirst du nicht nur dich selbst besser kennenlernen, sondern auch die Menschen, mit denen du zu tun hast.

Einer meiner Freunde hat drei Tage für mich gefastet und gebetet, als ich ihm erzählt hatte, dass ich Krebs habe. Ein Freund, der an der Westküste wohnt, sagte, er würde mit dem nächstmöglichen Flieger nach Sydney kommen, wenn ich Hilfe brauchte. Ein anderer Freund bleibt Nächte lang auf und betet für mich und meine Familie und fragt Gott, wie er helfen kann. Noch ein anderer Freund kam spätabends noch vorbei und betete mit uns, nachdem wir die Diagnose erhalten hatten, und das nach seinem langen Arbeitstag. Ein Freund schickte mir gestern ein Foto von seinem Studio. Er arbeitet immer bis in die frühen Morgenstunden, doch auf seinem Schreibtisch liegt eine Liste von Dingen, um die er Gott für mich bitten will.

Rachel, Cody und Jakob sind mein Ein und Alles. Mein Herz und meine Seele. Nichts kann jemals ihren Platz einnehmen.

Doch außer ihnen habe ich eine ganze Reihe von Mitstreitern, überall im Land und auf der Welt.

Meine Weggefährten.

Meine Blutsbrüder.

Sie stärken mir den Rücken und stehen mir bei. Und wenn ich schwach bin und nicht mehr kämpfen mag, dann kämpfen sie für mich.

Ich fühle mich zutiefst geehrt, dass es diese Menschen in meinem Leben gibt. Ich habe keine Worte, um dieses Gefühl zu beschreiben, das Bruce Springsteen in seinem Song »Blutsbrüder« ausdrückt:

Doch die Sterne strahlen hell
wie ein enthülltes Geheimnis.
Ich gehe meinen Weg weiter durch die Dunkelheit
und trage dich in meinem Herzen,
mein Blutsbruder.

Bruce Springsteen, »Blood Brothers«

TUMORMARKER

Gestern hatte ich meinen vierzehntäglichen Termin beim Onkologen. Ein sympathischer Mensch. Ich gehe gern zu ihm.

Wir setzen uns in sein Sprechzimmer, und er fragt, wie ich mich fühle. Gut, sage ich. Er will wissen, ob mir die Nebenwirkungen der Behandlung zu schaffen machen. Ich antworte, außer gelegentlichem Schluckauf, etwas Sodbrennen an den Tagen mit 5-FU (das Medikament, das ich zu Hause einnehme) und einer allgemeinen (großen) Müdigkeit spüre ich keine besonderen Nebenwirkungen. Kein Erbrechen, keine Übelkeit, nichts dergleichen.

Er lächelt. Gut.

Er staunt, wie problemlos mein Körper alles verkraftet. Diese Medikamente sind schwere Geschütze, und ich bekomme eine ziemlich hohe Dosis. Die medizinische Seite sei nur ein Aspekt der Behandlung, sagt er, ebenso wichtig sei die psychische. Meine Einstellung zur Krankheit sei ganz wichtig. Darin zeigt sich, »aus welchem Holz ich geschnitzt« sei.

Als Nächstes frage ich nach meinen Blutwerten. Ich will es wissen.

Wenn ich es richtig verstanden habe, geben die Tumoren ein Eiweiß (Carcinoembryonales Antigen, kurz CEA) in den Blutstrom ab, das sich von anderen Eiweißen unterscheidet. Das CEA ist mein »Tumormarker« oder »Krebsmarker«, an dem sich ablesen lässt, ob und wie gut mein Körper auf die Behandlung anspricht. Laienhaft gesprochen. Ohne Garantie, dass ich alles verstanden habe!

Bevor ich mit der Chemotherapie begann, lag mein CEA-Wert bei 4058 µg/l (Mikrogramm pro Liter Blutserum). In einem gesunden, krebsfreien Körper ist er, so viel ich weiß, unter 3.

Nach meiner ersten Infusion stieg der Wert auf 4323. Ein Anstieg ist wohl nach der ersten Behandlung nicht ungewöhnlich. Wenn die Tumoren angegriffen werden, reagieren sie sozusagen

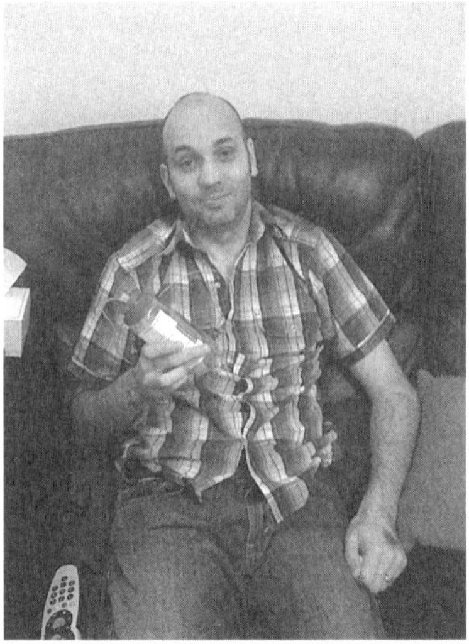

Nach seiner ersten Chemotherapie bekam Kristian eine 48-stündige Dauerinfusion, durch die ein weiteres Medikament in seine Blutbahn geleitet wurde. Seinem Gesichtsausdruck nach ist er völlig unbeeindruckt.

stocksauer und wehren sich. Es ist sehr wahrscheinlich, dass der Wert zwischendurch auf über 5000 gestiegen war und sich dann bis zum zweiten Bluttest wieder nach unten bewegt hat.

Mein heutiger CEA-Wert beträgt 3470 – das bedeutet einen Rückgang von zwanzig Prozent!

Und dann gibt es noch das CA 19-9 (Carbohydrat-Antigen 19-9). Dieser Wert lag bei 88,4 U/ml (Units pro Milliliter). Der Grenzwert liegt bei 37 U/ml.

Nach meiner ersten Infusion war er auf 79 gesunken und heute auf 68,9 – das heißt, um zweiundzwanzig Prozent.

Das heißt ja wohl: Die Therapie schlägt an.

Auch wenn andere Fachleute den Tumormarkern nur relative Bedeutung beimessen …

Für mich es gerade eine gute Nachricht. Die Tumoren geben schon nach zwei Infusionen klein bei. Die Blutwerte zeigen auch, dass meine Leber zu hundert Prozent funktioniert – eine echt gute Nachricht, wenn man bedenkt, dass sie vor Kurzem noch von Tumoren bedeckt war.

Nach dem Gespräch stehe ich erleichtert auf, schüttle dem Doc die Hand und fahre beschwingt nach Hause.

Drei Stunden später will das Grinsen auf meinem Gesicht immer noch nicht weichen.

Für alle, die für mich beten: Bitte weitermachen! Ich brauche eure Gebete, sie können so viel bewirken.

Bitte bleibt dran und gebt nicht auf! Mein Leben hängt davon ab.

KRIEGSTANZ

Mein heutiger Eintrag ist meiner Frau Rachel gewidmet. Komme soeben von der dritten Runde Chemo und will dies hier »zu Papier« bringen, bevor ich für die nächsten paar Tage in einen Dämmerzustand verfalle, während sich die Medikamente durch meinen Körper arbeiten.

Als ich noch dumm und Single war, habe ich Gott gebeten, er möge verhindern, dass ich jemals eine Neuseeländerin oder eine Sängerin heiraten werde. Ich weiß nicht mehr, warum ich das gesagt habe, aber so war es, wirklich. Ich bin so froh, dass Gott wusste, wie idiotisch diese Bitte war und nicht darauf eingegangen ist. Stattdessen schenkte er mir eine wunderbare Frau, die beides ist. Es war das Beste, was er tun konnte, und ich bin ihm unendlich dankbar dafür.

Rachel liebt ihre Heimat Neuseeland, das in der Maori-Sprache *Aotearoa* heißt, »Land der langen weißen Wolke«. Und über die Jahre habe auch ich dieses Land lieben gelernt. Faszinierend ist auch die Kultur der Maori, der Ureinwohner – schön und schrecklich, animalisch und edel, dynamisch und sentimental zugleich.

Als unscheinbares Bleichgesicht aus Australien schließe ich mich heute den Maori an, trage in Gedanken meine Kriegsbema-

Kristian und Rachel als frisch verliebtes Paar an der Dee Why Beach nördlich von Sydney, nach dem ersten Treffen mit Rachels Familie aus Neuseeland.

lung auf und singe und tanze den traditionellen Haka-Tanz für meine *whanau*, meine Familie:

Ka mate, ka mate – Ich werde sterben, ich werde sterben.
Ka ora, ka ora – Ich werde leben, ich werde leben.
Ka mate, ka mate – Ich werde sterben, ich werde sterben.
Ka ora, ka ora – Ich werde leben, ich werde leben.
Tenei to tangata puhuruhuru – Dies ist der Mann,
Nana nei i tiki mai whakawhiti te ra – der die Sonne brachte und sie wieder scheinen ließ,
Upane, upane – einen Schritt aufwärts, und noch einen
Upane, ka upane – bis ganz nach oben.
Whiti te ra! – Die Sonne scheint!
Hi! – Steh auf!

»Ka Mate« Haka

Ja, so würde es aussehen, wenn mein Gegner Krebs eine reale Person wäre. Wie bei Tana Umaga, der Captain der All Blacks, der neuseeländischen Rugby-Union-Nationalmannschaft, der mit seiner Mannschaft vor jedem Länderspiel den Haka tanzt, stelle ich mir vor, wie die Engel für mich einen Kriegstanz aufführen, bevor sie in den Kampf ziehen, um meinen Feind zu schlagen.

Anpfiff.

THANKSGIVING

Im Januar ist die Familie umgezogen, die neben uns wohnte, und das Haus wurde verkauft. Die neuen Nachbarn wollten gern die Leute in unserer Straße kennenlernen und veranstalteten am *Australia Day* am 26. ein großes Fest mit allem Drum und Dran: Freibier, Ribs und Burger vom Grill und einer Hüpfburg für die Kinder. Die ganze Nachbarschaft feierte mit, und für viele von

Am Anfang von Kristians Krebserkrankung machten wir einen Wochenendausflug in die Blue Mountains, den Tony und Brenda uns schenkten.

uns war es das erste Mal, dass wir uns trafen oder mit Namen vorstellten. Es war unsere erste Begegnung mit Tony und Brenda aus Minnesota. Sie sind erst kürzlich nach Australien gezogen, und wir waren uns sofort sympathisch. Es stellt sich raus, dass sie auch in unsere Kirche gehen (wo wir uns noch nie gesehen hatten, aber in großen Gemeinden passiert das leider schon mal). Dieses erste Treffen war der Beginn unserer Freundschaft mit Tony und Brenda, und wir sind dankbar, dass wir sie kennenlernen durften. Sie sind die großzügigsten und gastfreundlichsten Menschen, die ich kenne.

Am Freitagabend waren wir bei ihnen zum traditionellen, amerikanischen *Thanksgiving*-Essen eingeladen. Ich fühlte mich ziemlich schlapp, und Rachel und die Jungs gingen allein rüber. Die Chemotherapie schlaucht mich mehr als beim letzten Mal. Die Übelkeit hat zugenommen, die Müdigkeit erst recht, und auch das Wetter macht mich fertig (es ist sehr heiß). Also schlafe ich eine Runde und erscheine dann eine Stunde später bei unseren Freunden. Es war ein sehr schöner Abend, und das Essen war fantastisch. Manches hatte ich noch nie gegessen, zum Beispiel Pumpkin Pie, einen amerikanischen Kürbiskuchen.

In Tony und Brendas Familie ist es Tradition, an *Thanksgiving* alles, wofür man im vergangenen Jahr dankbar sein kann, mit dickem Filzstift auf ein großes weißes Leintuch in der Mitte zu schreiben. Als ich an die Reihe kam, geriet ich ins Nachdenken.

Was sollte ich schreiben?

Es gibt Vieles, wofür ich dankbar sein kann, und die Liste in meinem Kopf wurde immer länger. Ganz oben standen natürlich Rachel, Cody und Jakob, dann kamen alle Freunde und Verwandten, die treu für uns beten und uns so tatkräftig unterstützen. Bald wurde mir klar, dass ich so viel Grund zur Dankbarkeit habe, dass ich unmöglich alles aufschreiben konnte.

Ich dachte wieder an meine fiese, zerstörerische Krankheit, die es darauf angelegt hat, mich umzubringen – und war dankbar, dass ich jeden Morgen die Augen aufschlagen darf, und schrieb:

Ich lebe.

WAS IST FAIR?

Manche Dinge im Leben werde ich nie verstehen. Jedenfalls nicht, so lange mich diese vergängliche Hülle aus Fleisch und Blut umgibt.

Heute Morgen habe ich erfahren, dass gute Freunde von uns ihre kleine Tochter verloren haben. Schon während der Schwangerschaft hatte es Komplikationen gegeben, und heute Vormittag hätte ein operativer Eingriff stattfinden sollen. Zu dem es dann nicht mehr kam. Es sollte wohl nicht sein. In der Nacht davor wurde das kleine Mädchen geboren, viel zu früh. Nur eine Stunde durfte sie leben, bevor sie ein Engel in seinen Armen sanft zu ihrem himmlischen Vater trug.

Für mich ist das die Definition von »unfair«.

Ist es etwa fair, dass ich Krebs habe?

Vielleicht.

Kommt darauf an, wen man fragen würde.

Ich bin 34, ein erwachsener Mann, und an meinen Händen klebt Schmutz.

Aber dieses kleine Baby war unschuldig. Ein neugeborenes Kind. Unschuldiger geht es nicht.

Ich kann nur leise ahnen, was es für die Eltern bedeutet. Durch welch unsägliches Leid sie gehen. Und es gibt nichts, was ich tun könnte, um ihren Schmerz zu lindern. Eines Tages werde ich vielleicht den tieferen Sinn darin sehen, aber der Tag ist noch fern.

Wie lange noch, o Herr, wie lange?

Sohn Davids … hab Erbarmen.

AUS RACHELS SICHT

Als Kristian damals ins Krankenhaus kam und wir immer noch dachten, er hätte ein Blutgerinnsel, war ich ziemlich angespannt, weil es meinen ganzen Zeitplan durcheinanderbrachte. Während Cody im Kindergarten war, wollte ich aufräumen und das Haus durchputzen, weil meine Eltern an diesem Tag aus Neuseeland zu Besuch kamen. Dann rief mich Kristian aus der Klinik an und sagte nur: »Kannst du bitte mit Jakey herkommen? Es ist so einsam hier.« Also warf ich meine Pläne über den Haufen, brachte Cody zum Kindergarten und sagte ihm, dass ich zu Daddy ins Krankenhaus fahre, der ein Blutgerinnsel hätte, aber bestimmt bald wieder gesund wäre.

Jakob krabbelte in der Notfallstation auf dem Boden herum, während ich bei Kristian saß. Dann kam eine sympathische, junge Frau und sprach mit uns, und ich brauchte eine Weile, bis ich begriff, dass sie die Ärztin war. Sie entschuldigte sich, es sei ein Missverständnis passiert, Kristian hätte gar kein Blutgerinnsel. Sie schaute ihn an und sagte: »Aber wir haben etwas Ungewöhnliches an Ihrer Leber entdeckt. Ich würde Ihnen gern noch ein paar Fragen stellen.« Ich hatte sofort ein flaues Gefühl im Magen, das untrügliche Gefühl, dass etwas nicht stimmte.

Kristian konnte es nicht fassen, was passiert war, und regte sich ziemlich auf. Ich konnte nicht länger bleiben wegen meiner Eltern, die bald ankommen sollten, und außerdem war Jakobs Mittagsschlaf überfällig. Gleich nachdem Mum und Dad eingetroffen waren, fuhr ich zurück ins Krankenhaus. Kristian hatte gerade seinen zweiten CT-Scan hinter sich, und wir warteten in diesem kleinen Zimmer auf die Ärztin. Als ich ihr Gesicht sah, ahnte ich nichts Gutes. Ich wollte aufstehen, doch sie sagte: »Bitte, bleiben Sie sitzen, es ist besser so.« Sie informierte uns über den Stand der Dinge: »Beim CT-Scan konnten wir an einer Stelle des Darms eine Verdickung feststellen, ferner einige Schatten auf der Leber, die nicht gut aussehen. Mit ziemlicher Sicherheit handelt es sich dabei um Krebs.«

Kristian und ich waren wie vom Donner gerührt. Wenig später bekam Kristian einen Anruf von den Fox Studios, für die er an der Sendung *Come Dine With Me Australia* mitarbeiten sollte, und musste sagen: »Es tut mir leid, aber ich weiß nicht, ob ich noch bei dem Projekt mitmachen kann. Ich habe Krebs.« Nun war es ausgesprochen. Die Worte aus seinem Mund zu hören, war schrecklich.

Die ersten Tage waren einfach nur furchtbar, wie ein einziger Albtraum. Nachdem Kristian die Darmspiegelung hinter sich hatte, konnte ich irgendwie besser damit umgehen. Wenigstens wussten wir jetzt, was es war, und konnten uns darauf einstellen. Er sah das ganz ähnlich und sagte: »Wir werden es schaffen. Wir lassen uns nicht unterkriegen.«

Obwohl uns der Ernst der Lage bewusst war – Krebs an sich ist schon ernst genug –, hatten wir zuerst keine Ahnung, wie schlimm es um Kristian stand. Wir gingen von Krebs in einem frühen Stadium aus (Stadium II), da außer dem Darm »nur« die Leber befallen war, dabei befand sich der Krebs schon bei der Diagnose in Stadium IV – dem letzten Stadium. Ich denke, es war gut, dass wir das damals noch nicht wussten. Als es hieß, Kristian würde drei Monate lang Chemotherapie bekommen, dachten wir, danach sei die Sache erledigt. Ein Vierteljahr Chemo im Zwei-Wochen-Rhythmus, und wenn sich dann auf dem CT-Scan zeigte, dass der Krebs immer noch da war, gäbe es sicher Alternativen wie etwa eine Operation, bei der die Metastasen entfernt würden, und die Leber wäre wieder krebsfrei und würde sich erholen. Und wenn man beim ersten Mal nicht alles erwischen würde, könnte man noch mal operieren. Es würde nicht leicht sein, aber am Ende wäre alles gut. So hatten wir gedacht. Und ich bin froh darüber. Denn: Hätten wir von Anfang an über die ganze Tragweite von Kristians Krankheit Bescheid gewusst, hätten wir anders gelebt und längst nicht so gut.

Wir hatten immer noch Hoffnung. Deshalb wollte ich auch unbedingt, dass wir ein Samendepot anlegen. Ich hätte so gern mehr Kinder gehabt, am liebsten vier. Uns blieb nur dieses eine Zeitfenster: bevor Kristian mit seiner Chemotherapie begann und ich meinen Eisprung hatte, und ich flehte ihn an, es einfach zu probieren. Ich war der Meinung, wenn es sein soll, dann klappt es, und wenn nicht, dann gibt es immer noch die Samenbank, und wir können ein paar Spermien einfrieren lassen für später. Aber Kristian wollte es nicht darauf ankommen lassen. Er sagte, falls er sterben müsste, würde er mich nicht mit drei kleinen Kindern zurücklassen. Das wollte er mir nicht zumuten.

Im Nachhinein bin ich überzeugt, dass er die richtige Entscheidung getroffen hat. Mit den beiden Jungs und einem Baby hätte ich so bald nicht wieder arbeiten können. Und ich weiß nicht, wie wir es ohne mein Einkommen geschafft hätten, uns finanziell über Wasser zu halten. Denn es ergab sich, dass ich in den letzten anderthalb Jahren von Kristians Krankheit wieder berufstätig war. In meiner ehemaligen Schule wurden händeringend Lehrer für naturwissenschaftliche Fächer gesucht. Ich wollte zuerst nicht wegen der Kinder, aber da mich die Schule regelrecht bekniete, sagte ich schließlich zu, unter der Bedingung, dass ich eine Betreuungsmöglichkeit für Cody und Jakob fand. Und, siehe da, die Kinderbetreuung ließ sich regeln. Es stellte sich heraus, dass die stundenweise Arbeit genau das war, was ich als Ausgleich dringend brauchte. Die Jungs gingen gern in die Kita, und meine Gedanken kreisten nicht mehr ausschließlich um Chemotherapie und Krebs.

Während Kristians Krankheit fühlte ich mich die meiste Zeit wie eine alleinerziehende Mutter. Es war ein einsamer Weg, und es war sehr schwer, aber so merkte ich, dass ich in der Lage war, den Arbeits- und Familienalltag auch ohne ihn zu bewältigen.

Ich bin Gott sehr dankbar, dass er alles so gefügt hat. Insbesondere, als es auf das Ende zuging. Es war sehr schlimm für mich, doch ich wusste, das Leben würde weitergehen. Ich würde Kristian immer vermissen, aber ich würde zurechtkommen. Und für Kristian war es wichtig, dies zu spüren und ebenfalls zu wissen: Ich würde es auch allein schaffen.

2

Ein langer Atem

DRESS-CODE

7. Dezember 2009

Morgen beginnt der vierte Chemo-Zyklus. Wenn ich ehrlich bin: Ich will nicht. Natürlich will ich wieder gesund werden, aber mir graut davor, dass es mir wieder die ganze Woche ziemlich scheußlich gehen wird. Ein vergleichsweise geringer Preis, den ich bezahlen muss, aber trotzdem ein hoher Preis, verglichen mit Krankheiten wie Grippe oder Schnupfen, die mit gut bekömmlichen und leicht zu schluckenden kleinen bunten Pillen oder auch ohne zu kurieren sind.

Dabei leide ich nicht unter den Nebenwirkungen, vor denen die Ärzte mich gewarnt hatten, was an sich erstaunlich ist. Die Chemotherapie hat bei mir eher psychische Auswirkungen. Und ich rieche die ganze Zeit aus allen Poren nach den Medikamenten, die ich ausdünste, und der Geruch macht mich krank.

Aber ich bin neugierig auf die neuen Blutwerte. Die letzte Blutuntersuchung ist schon vierzehn Tage her, und ich bin sehr gespannt.

Ansonsten hatte ich eine richtig gute Woche. Ich habe vier Tage gearbeitet und sogar einen neuen Auftrag bekommen. Von einem Neukunden, einer kleinen Firma, wo man sich mir und meiner Situation gegenüber unglaublich verständnisvoll und flexibel zeigt. Die Mitarbeiter sind nett und zuvorkommend, dass ich nur staunen kann. Am meisten staunte ich, als einer der Designer an den Schnittplatz kam, sich vorstellte und anfing, mit mir zu plaudern. Während des Gesprächs fragte er höflich nach meiner Krankheit und ob ich überhaupt darüber sprechen wolle. Ich weiß, dass es manchen Leuten unangenehm ist, das Thema anzuschneiden, aber, offen gesagt, mir macht es nicht das Geringste aus. Warum sollte ich nicht über meine Krankheit reden? Krebs ist schließlich nichts, wofür man sich zu schämen braucht. Ich habe ihn mir nicht ausgesucht, und außerdem kann es jeden treffen.

Irgendwann fragte er, ob ich »gläubig« sei. Ich bejahte, und er sagte, das hätte er sich schon gedacht, so wie ich mit meiner Situation umginge. Dann tat er etwas, das mich fast umhaute: Er fragte, ob er für mich beten dürfte, hier und jetzt. Und dann, in der Stille des Büros – nur die Lüfter der verschiedenen Hightech-Geräte an meinem digitalen Schnittplatz summten – legte er seine Hände (ganz unaufdringlich!) auf meinen Bauch und fing an zu beten. Keine lauten, beschwörenden Worte, sondern er bat Gott ganz leise und mit ruhiger Stimme, den Krebs von mir zu nehmen und mich wieder gesund zu machen.

Augenblicklich war der Raum von Frieden erfüllt.

Ich kenne diesen Frieden. Ich habe ihn schon öfter gespürt. Er legt sich wie ein warmer Mantel um meinen Körper und hüllt mich ein wie eine weiche Daunendecke.

Ruhe. Trost. Geborgenheit.

Und noch viel mehr.

Diese Begebenheit machte mich nachdenklich.

Seit ich an dieser blöden Krankheit leide, komme ich nicht aus dem Staunen raus, wie viel Hilfe und Unterstützung wir plötzlich von allen Seiten bekommen. Ich bin jemand, der viel Zeit allein verbringt (ich kann sehr gut allein sein), ohne meine Umgebung wahrzunehmen, und es hat mich sehr berührt, dass so viele Menschen an meinem Schicksal Anteil nehmen.

Leider gibt es auch immer wieder Kommentare, die total daneben sind, obwohl sie sicher gut gemeint sind. Aber wenn jemand schreibt, ich sollte mal »in mich gehen« und überlegen, ob es vielleicht irgendeine verborgene Sünde in meinem Leben gab (oder im Leben meiner Vorfahren), wie etwa Hartherzigkeit, Unfähigkeit zur Vergebung oder Stolz (oder Schlimmeres), welche die Ursache für meine Krankheit sein könnten, dann kann ich nur sagen: Tut mir leid, Leute, aber das ist völlig absurd. So etwas tut weh.

Meine Krankheit ist keine Strafe Gottes. Ich wurde nicht mit Krebs geschlagen, weil ich in meiner Vergangenheit irgendetwas getan oder nicht getan habe.

Mein Gott lacht sich nicht hämisch ins Fäustchen und freut sich, wenn er sich rächen kann. Wenn ihr so was glaubt, dann reden wir nicht von demselben Gott.

Ich glaube an einen Gott, der versprochen hat, dass er mich niemals im Stich lassen wird. An einen Gott, vor dem ich nicht weglaufen kann, denn er hält mich fest an seiner Hand. Und er liebt mich so sehr, dass er aus freien Stücken für mich den grausamen Tod am Kreuz gestorben ist.

Für mich.

In der Bibel steht:

Niemand liebt mehr als einer, der sein Leben für die Freunde hingibt.

Johannes 15,13

Für mich passt das Bild von einem Gott, der gleichzeitig sein Leben für uns hingab und sein Laserschwert vom Himmel runtersausen lässt und uns mit Krankheiten straft, weil wir nicht artig waren, nicht zusammen. Es ist und bleibt einfach unlogisch.

Damals nach meiner Krebsdiagnose rief ich einen meiner besten Freunde an, und wir verabredeten uns am nächsten Tag in einem Café. Er erzählte mir, dass er am Abend noch für mich und meine Situation gebetet hatte. Er habe Gott auch nach dem »Warum« gefragt und sei auf folgende Textstelle gestoßen:

Unterwegs sah Jesus einen Mann, der von Geburt an blind war. »Meister«, fragten die Jünger, »wer ist schuld daran, dass dieser Mann blind ist? Hat er selbst Schuld auf sich geladen oder seine Eltern?«
»Weder noch«, antwortete Jesus. »Vielmehr soll an ihm die Macht Gottes sichtbar werden.«

Johannes 9,1–3

Natürlich weiß ich, dass es gut gemeint ist, wenn mir jemand so was sagt, aber die Art und Weise, wie es rüberkommt, ist für mich der absolute Abtörner.

Das beschäftigt mich schon lange, und deshalb möchte ich ein für alle Mal klarstellen:

Für Besucher, die zu mir oder meiner Familie wollen, gilt ab heute ein fester Dress-Code. Wer mit Glauben und Hoffnung bekleidet ist, soll herzlich willkommen sein. Wer mit Angst und Zweifeln bekleidet ist, den bitten wir höflich zu gehen. Diese Kleiderordnung muss unbedingt eingehalten werden.
Ohne Ausnahme.

Für mich geht es im wahrsten Sinne des Wortes um Leben und Tod.

Das hier ist kein Sonntagsspaziergang. Es ist die Landung der Truppen in der Normandie. Der Feind ist in meinem Körper einmarschiert und rückt weiter vor. Nach dem Darm hat er auch die Leber besetzt. Statistisch gesehen, ist mein Körper ein leicht einzunehmendes Land. Doch für mich ist irgendein anderer Gedanke als an den Sieg indiskutabel, denn dann könnte ich gleich einpacken. Dann könnte ich mich in die Ecke setzen und auf den Tod warten.

Aber für mich steht fest: *Ich werde nicht die Segel streichen.*

Ich werde so lange kämpfen, bis mein Feind besiegt ist. Wer hier zuerst den Löffel abgeben wird, ist der Krebs. Kristian Anderson wird noch lange nicht sterben und irgendwann als alter Mann friedlich in seinem Bett einschlafen.

Woher ich das weiß? Weil ich weiß, dass Gott allmächtig ist und dass er mich liebt.

Falls jemand immer noch glaubt, Gott sei ein griesgrämiger alter Mann, der uns arme Sünder mit Strafen schikaniert, lasst euch gesagt sein: Gott ist nicht so.

Denn Gott ist die Liebe.

SCHWARZ ODER WEISS

Bin heute Abend nicht gut drauf.

Die Übelkeit hält länger an als normal.

Länger als normal.

Als ob noch irgendetwas »normal« wäre.

Der Chemo-Geruch dringt aus allen Poren und ist das reinste Brechmittel. Außerdem bin ich heute ziemlich nah am Wasser gebaut.

Ich will nicht ständig an meine Krankheit denken. Es gehört zu meiner Strategie, dem Krebs keinen höheren Stellenwert einzuräumen, als er verdient. Ich befasse mich nicht länger damit als nötig. Ich sehe die Krankheit vielmehr als Gegner, den es zu bekämpfen gilt, mit aller Härte. Diplomatie wäre bei diesem Kampf sicher fehl am Platz. Es ist ein brutaler Krieg, in dem jedes Mittel recht ist. Dieser Gegner verdient weder Nachsicht noch Respekt. – Keine wirklich neuen, großen Erkenntnisse, das gebe ich zu. Aber in diesen Tagen sind es die kleinen Dinge, die mein Leben ausmachen.

Ich bin sehr sentimental in letzter Zeit, bei jeder Gelegenheit kommen mir die Tränen. Vielleicht ist es die Müdigkeit. Diese abgrundtiefe Müdigkeit, die ich erst seit der Chemo-Behandlung kenne. Noch nie bin ich so unendlich müde gewesen. Eine Müdigkeit, bei der auch Schlafen oder Ausruhen nicht hilft. Eine Müdigkeit, die einen schlichtweg umhaut und komplett lahmlegt. Und die irgendwann von selbst verschwinden wird.

Oder auch nicht.

Vielleicht ist es auch das emotionale Auf und Ab. Bei der Blutuntersuchung am Donnerstag stellte sich raus, dass meine Tumormarker gesunken sind. In der Tat eine gute Nachricht, und ich musste vor Freude und Dankbarkeit weinen, als die Schwester mir die Werte nannte. Ich bin ja so erleichtert!

Heute Abend gibt mein Schwager in Neuseeland mit seiner Band *Mumsdollar* sein letztes Konzert, nach zehn Jahren. Ich stelle mir vor, wie die Band in dem Augenblick in Auckland auf die Bühne tritt, um vor einem ausverkauften Saal zu spielen. Ich wäre gern dabei gewesen. Hatte gehofft, das Konzert würde in einer »chemofreien« Woche stattfinden. Aber das war leider nicht möglich.

Habe eine CD von *Mumsdollar* eingelegt, und der Song, den ich gerade höre, passt wie die Faust aufs Auge. Als ob er extra für mich geschrieben sei. Als hätten sie damals gewusst, dass ich Krebs kriege, und aufgeschrieben, was mir durch den Kopf gehen wird. Was einem halt so durch den Kopf geht, wenn man weiß, dass nichts mehr so sein wird wie früher.

Früher bestimmten die Dinge mein Leben,
die vergänglich sind und die ich zurücklassen werde.
Früher war ich verloren, bis ich mich finden ließ.
Bis mein Retter kam und mir Sicherheit und Geborgenheit brachte.

O aufgehende Sonne, im Osten deine Strahlen,
ich folge ihnen mit meinem Blick über den weiten Himmel.

Mein Leben lang suchte ich nach einem besseren Weg,
was auch immer geschieht,
ich suche weiter
nach einem besseren Weg,
dem Weg zurück nach Hause.
Die Fahrt geht mir zu schnell, bitte lass mir Zeit,
damit mir nicht wie früher alles entgleitet.
Die Tage rinnen wie Sand durch meine Finger,
auf den Abend folgt der Morgen,
und alles, was ich krampfhaft festhalten will,
werde ich verlieren.

O aufgehende Sonne, im Osten deine Strahlen,
ich folge ihnen mit meinem Blick über den weiten Himmel.
Mein Leben lang suchte ich nach einem besseren Weg,
was auch immer geschieht,
ich suche weiter
nach einem besseren Weg.

Jetzt suche ich den Weg zurück nach Hause,
lasse die Vergangenheit los,
sehe, wie sie sich in Nichts auflöst
und in weiter Ferne verschwindet.
Doch ich bleibe,
will wahrhaftig sein,
mache keine halben Sachen mehr.
Entweder warm oder kalt,
schwarz oder weiß,
richtig oder falsch.
Ich suche nach einem besseren Weg.

Mumsdollar: »Better Way«

Vielleicht bin ich so sentimental, weil ich zum ersten Mal wirklich verstanden habe, welch ungeheuren Preis Jesus für mein Leben bezahlt hat.

Vielleicht auch, weil mir klar geworden ist, dass ich vor meiner Krankheit ein sehr isoliertes, auf mich fixiertes Leben geführt habe.

Vielleicht, weil ich die Chance bekommen habe, es besser zu machen.

Ich will keine halben Sachen mehr machen. *Schwarz oder weiß, richtig oder falsch.*

Der Himmel schaut zu. Jeder Tag ist wichtig – mach was daraus!

»Better Way« von Mumsdollar

WEIHNACHTSGRUSS AN DEN KREBS

Morgen starte ich in die fünfte Chemo-Runde, danach folgen weitere Bluttests. Am Donnerstag ist Heiligabend. Ich hoffe auf gute Nachrichten zu Weihnachten.

Ich bin froh, dass ich mich dem Ende der Chemotherapie nähere, jedenfalls vorläufig. Bis jetzt hing ich insgesamt 200 Stunden an der Infusionsnadel, weitere 100 liegen noch vor mir. Und wenn ich daran denke, was mir in den nächsten 72 Stunden bevorsteht, will noch keine rechte Weihnachtsfreude aufkommen. Aber das Wissen, dass der Krebs sich auf dem Rückzug befindet, beflügelt mich so, dass ich … dass ich einfach keine Worte finde. Selbst wenn ich Weihnachten wie ein Gespenst rumlaufe und meine Familie nicht viel von mir haben wird.

Ansonsten habe ich die ganze Woche durchgearbeitet, was sich positiv auf unseren Kontostand auswirkt, und habe sogar schon mehrere Aufträge fürs nächste Jahr – super! Die neuen Aufträge werden uns helfen, finanziell wieder auf die Beine zu kommen, wenn das hier alles vorüber ist.

Habe heute nichts furchtbar Tiefgründiges zu schreiben. Dachte nur eben daran, wie gern ich dem Krebs einen Tritt in die… Mmmh… verpassen würde, ganz bildlich. Und dann, wenn er sich vor Schmerz vornüber krümmt, noch einen satten Aufwärtshaken, und er dürfte k.o. zu Boden gehen.

Aber Schluss damit. Ich wünsche allen frohe Weihnachten mit den Menschen, die ihr liebt – unter verschneiten Tannen oder bei blauem Himmel am Strand.

Und was den Krebs betrifft, hier ist mein spezieller Weihnachtsgruß an ihn. Dreh die Musik ruhig laut auf und tanze wie ein Verrückter im Zimmer herum. Ich mache es genauso.

»Ready to Die« von Andrew W. K.

BIS ZUM LETZTEN ATEMZUG

Seit Weihnachten versuche ich, irgendetwas Intelligentes zu schreiben. Es will mir nicht gelingen. Ich kann einfach keinen klaren Gedanken fassen. Ich komme mir vor wie Mr Miyagi in dem Spielfilm *Karate Kid*, als er versucht, mit Essstäbchen eine Fliege zu fangen. Eine Art Konzentrationsschwäche, ein Phänomen, das als »Chemo-Hirn« bekannt und sogar wissenschaftlich belegt ist. Aber das macht es auch nicht besser. Zu wissen, dass man nicht mehr hundertprozentig richtig im Kopf ist, ist kein tolles Gefühl. Manchmal komme ich mir vor wie der verrückte Ire in *Braveheart*.

Am 4. Januar hatte ich meine sechste Chemotherapie. Eigentlich hätte es meine letzte sein sollen, aber gestern sagte mir der Onkologe, es sei sinnvoll, weiterzumachen, da ich so gut auf die Behandlung anspreche. Inzwischen komme ich auf 300 Stunden an der Infusionsnadel, übermorgen werden es 350 sein, denn zurzeit hänge ich an meiner »Chemo to go«, an einer kleinen Flasche 5-FU (Fluorouracil, mit Folinsäure gemischt), die ich immer mit nach Hause kriege. In der Flasche befindet sich ein kleiner Ballon, der 46 Stunden lang das Medikament an meinen Körper abgibt. Ein altbewährtes Krebsmittel, das schon seit etwa vierzig Jahren existiert. Als Nebenwirkung brennt mein Gesicht wie Feuer, während ich an der Infusion hänge. Es geht vorbei, ist aber trotzdem unangenehm. Man kriegt davon auch Husten und ein Brennen im Hals.

Zusätzlich erhalte ich ein Medikament namens Irinotecan. Wenn ich das Zeug verabreicht bekomme, weicht alle Farbe aus meinem Körper. Ich kann praktisch zusehen, wie ich blasser und blasser werde. Ein ziemlich komisches Gefühl, aber ich habe mich daran gewöhnt. Es macht auch sehr müde. Die Erschöpfung kommt in Wellen, ebenso die Übelkeit. Die beiden häufigsten Nebenwirkungen davon sind offenbar Durchfall (wovon ich – Gott sei Dank – bisher verschont wurde) und eine Schwächung des Immunsystems.

Was weniger schön ist.

Nach der ersten Infusion brach mein Immunsystem regelrecht zusammen. Ich war total anfällig und las eine Infektion nach der anderen auf. Zum Glück schwimmen immer noch ein paar weiße Blutkörperchen in meinem Körper herum, sonst wäre ich wahrscheinlich gestorben. Mein Blutbild war bis jetzt für jemanden, der alle zwei Wochen mit Gift vollgepumpt wird, ganz okay.

Jedenfalls innerhalb der akzeptablen Grenzwerte. Komisch, der Gedanke: Da stirbt man nicht am Krebs, sondern weil man angehustet wurde.

Das dritte Medikament in meinem Chemo-Cocktail heißt Avastin und wirkt nicht »chemisch«, sondern »biologisch«. Wenn ein Tumor so groß ist, dass er sich nicht mehr durch Osmose ernähren kann, sendet er ein Signal aus, dass er eigene Blutgefäße braucht, um sich mit Nährstoffen und Sauerstoff zu versorgen. Das Avastin blockiert dieses Signal, und der Tumor wird ausgehungert. Der einzige Nachteil ist, dass das Medikament überall im Körper die Bildung neuer Gefäße stoppt, und selbst die kleinste Verletzung braucht Wochen zum Heilen.

Mit dem Avastin ist das so eine Sache. Irgendwie kann es kein Zufall sein, dass ich gerade damit behandelt werde. Zum einen arbeitet ein alter Freund aus der Highschool im Labor des Pharmakonzerns, der Avastin herstellt. Zum anderen: Avastin ist ein sehr teures Medikament. Pro Infusion kostet es etwa 5000 Dollar. Ich habe bisher sieben Infusionen erhalten – macht 35 000 Dollar. Zum Glück hat die australische Regierung Avastin auf die Liste der subventionierten rezeptpflichtigen Arzneimittel (PBS, Pharmaceutical Benefits Scheme) gesetzt, und jetzt kostet es mich pro Infusion nur 32 Dollar 50. Und das Beste ist: Vor einem Jahr habe ich eine Reihe von Videos bearbeitet, die zum Ziel hatten, die Regierung dazu zu bewegen, das Medikament in den PBS-Plan aufzunehmen. Was in diesem Sommer auch tatsächlich passiert ist – drei Monate vor meiner Krebsdiagnose.

Mag da noch jemand von »Zufall« reden?

Noch ein Wort zu den Blutwerten – die wichtigsten Eckdaten bei meiner Behandlung. Routinemäßig wird vor jeder Chemo Blut abgenommen. Der Bluttest zeigt an, ob ich erstens genug Leukozyten habe. Wenn nicht, wird die Behandlung abgebrochen, aber das war bisher noch nie der Fall. Zweitens werden die Leberwerte bestimmt. Bis jetzt arbeitet meine Leber einwandfrei, obwohl sie mit Tumoren übersät ist, wie bei dem CT-Scan am 6. Oktober festgestellt wurde. Und drittens werden meine Tumormarker ermittelt – die entscheidenden Zahlen.

Ich lebe für diese Zahlen.

Anfangs hatte ich noch einen Wert von 4323 im Blut und 88 im Darm. Jetzt beträgt der Blutwert nur noch 750 und der Darmwert 42,3. Die Zielwerte liegen bei unter 3 und unter 37. Es fehlt also nicht mehr viel!

Nach der fünften Chemo war ich ein bisschen enttäuscht, weil die Werte nicht viel weiter gesunken waren. Doch die Schwester sagte, sie hätten selten einen Patienten erlebt, der auf die Behandlung so gut angesprochen hat wie ich. Angesichts der Alternative (z.B. Sterben) beschloss ich also, den Mund zu halten und lieber dankbar zu sein, dass der Krebs zurückgeht, wenn auch nicht so schnell, wie ich es gern hätte.

Ich werde alles tun, um gesund zu werden. Ich werde mit allen Mitteln kämpfen, die mir zur Verfügung stehen, bis zum letzten Atemzug und bis mein Körper wieder zu Staub wird. Ich werde nicht aufgeben, egal, wie schwach ich bin, egal, wie elend ich mich noch fühlen werde, egal, wie sehr ich das Gefühl habe, langsam den Verstand zu verlieren, egal, wie sehr ich mich nach einem »normalen« Leben sehne. Egal.

Ich werde kämpfen, bis mein König mich nach Hause ruft.

MEINE SEHNSUCHT

Wenn ich ehrlich bin …

Wenn ich Rachel nicht hätte und allein leben würde, ich würde das Handtuch werfen und den Krebs gewinnen lassen. Ich weiß, wo ich nach meinem Tod hingehen werde – warum soll ich so lange warten?

Natürlich sind da noch Jakob und Cody. Sie sind ein so kostbares Geschenk, und ich liebe sie über alles. Wenn ich sie anschaue, kann ich das Wunder manchmal kaum fassen, dass sie meine Kinder sind und ich ihr Vater bin. Ich würde alles für sie tun. Ich würde für sie sterben. Und würde wahrscheinlich auch für sie töten, wenn ich ehrlich bin. Da wir schon mal bei der Wahrheit sind.

Aber ohne Rachel gäbe es die Kinder nicht.

Mehr und mehr spüre ich, wie diese Behandlung ihren Tribut fordert. Nicht nur körperlich, sondern auch psychisch und emotional. Selbst wenn der Krebs besiegt wird, müssen meine Familie und ich für seinen Rückzug einen hohen Preis bezahlen.

Ich fühle mich wie »Dr. Jekyll und Mr Hyde«. An manchen Tagen bin ich Jekyll, an manchen bin ich Hyde.

Meistens bin ich Hyde, und ich kann nichts dagegen tun.

Ich komme mir vor wie Charlie Gordon in dem Buch *Blumen für Algernon* von Daniel Keyes. Charlie ist ein geistig zurückgebliebener Mann. Er wird zu Forschungszwecken operiert, um seine Intelligenz zu erhöhen. Aber er weiß, dass das Ergebnis nicht von Dauer sein wird. Eines Tages wird er in seinen früheren Geisteszustand zurückfallen. Das Tragische ist, dass er seinen geistigen Verfall bewusst erlebt und dagegen völlig machtlos ist. Im Gegensatz zu Charlie geht bei mir nichts für immer verloren, aber durch die Therapie-Keule haben meine kleinen grauen Zellen deutlich gelitten. Das Gefühl, geistig nicht mehr auf der Höhe zu sein, ist frustrierend, und es macht mich rasend.

Mir graut vor meiner nächsten Chemo. Jeder, der schon mal irgendeine Art von Chemotherapie mitgemacht hat, wird mich verstehen. In meinem Fall sind aktuell die sechs Tage danach ein nicht enden wollender Kampf gegen Brechreiz, starken, andauernden Husten und andere Nebenwirkungen, die man bekommt, wenn man 50 Stunden am Stück an der Giftkanüle hängt. Hinzu kommt in meinem Fall die Überempfindlichkeit gegen alle Geräusche, die normale Zimmerlautstärke übersteigen.

Chemotherapie ist ein Sammelbegriff für eine Behandlung mit chemischen Substanzen. Bei mir kommen vor allem zytotoxische Mittel zum Einsatz.

»Zyto-« = die Zelle betreffend, »toxisch« = giftig. Jetzt braucht ihr nur noch zwei und zwei zusammenzuzählen.

Gott, ich sehne mich danach, dass das bald ein Ende hat. Und es bricht mir das Herz, was Rachel meinetwegen durchmachen muss.

Rachel,
du Geliebte. Meine Frau und beste Freundin. Es tut mir leid, dass du diesen Weg mit mir gehen musst. Ich weiß, das hättest du damals nie gedacht, als du mir an unserem Hochzeitstag vor Gott, der sichtbaren und unsichtbaren Welt deine Liebe versprochen hast.
Deine Stärke ist eine nie versiegende Kraftquelle für mich, und deine Treue, mit der du all die Opfer für mich bringst, lässt mich immer wieder staunen. Eines Tages werde ich dir zurückgeben, was du mir geschenkt hast.
Ich würde für dich sterben ... und ich werde für dich leben.

MEIN HALLELUJA

Seit Weihnachten habe ich ziemlich viel Zeit für mich. Meistens verbringe ich sie im Bett oder liege apathisch auf dem Sofa und ziehe mir eine hirnlose Fernsehsendung nach der anderen rein. Manchmal kommt etwas Gutes auf Fox, aber meistens zappe ich durch die Programme, um die Zeit totzuschlagen. Ich weiß, das klingt sehr unproduktiv, und vor meiner Krankheit hätte ich das alles als reine Zeitverschwendung verurteilt. Aber wenn man so oft im Bett liegt wie ich, hat man auch viel Zeit zum Nachdenken. Diese Gedanken sind sozusagen die Entwürfe für meine Zukunft.

Eine Zukunft, die so ganz anders ist, als ich sie mir vor fünf Monaten noch vorgestellt hatte.

Nach meiner Krebsdiagnose hat jemand gesagt, die normale Reaktion nach dem anfänglichen Schock sei Verzweiflung und Wut. Ich weiß nicht mehr, wer das gesagt hat, aber das spielt auch keine Rolle. Ich weiß nur, dass es bei mir nicht so war. So merkwürdig es klingen mag, aber ich denke manchmal, diese Krankheit ist vielleicht etwas vom Besten, was mir passieren konnte. Klar, die Behandlung ist der Horror, und mein Leben (so wie ich es kannte) ist für unbestimmte Zeit auf Eis gelegt. Aber ich habe seitdem gelernt, vieles mit anderen Augen zu sehen. Vieles, was mir früher extrem wichtig war, hat einen anderen Stellenwert bekommen. Meine Familie und Freunde zum Beispiel habe ich ganz neu schätzen gelernt. Wohlstand und materielle Werte dagegen sind ziemlich egal angesichts einer tödlichen Krankheit. Vor allem ist mir bewusst geworden, dass der Gott, an den ich glaube, so viel größer und mir so viel näher ist, als ich es je für möglich gehalten hätte.

Im Lauf der Geschichte hat der Mensch gewordene Gott viele Namen bekommen. Einer davon ist *Immanuel*, »Gott ist mit uns.« Nie zuvor habe ich das stärker empfunden. Gott ist mit mir.

Leonhard Cohen singt in seinem Lied »Hallelujah«:

Ein Licht strahlt auf
in jedem Wort
ganz gleich, welches du gehört hast,
das heilige oder das gebrochene Halleluja.

Leonhard Cohen: »Hallelujah«

Ich denke, mein Halleluja fällt mit Sicherheit in die zweite Kategorie. Es ist »gebrochen«, beschädigt, angeschlagen, so wie ich. Theologen, Bischöfe oder der Papst würden sich bei mir wohl kaum für die »heilige« Variante entscheiden.

Aber das ist okay.

Wenn ich diese Sache hier durchziehen soll, bleibe ich lieber unscheinbar und unauffällig im Hintergrund, für den Gegner unsichtbar. Denn nichts ist so wirkungsvoll wie ein unerwarteter Kinnhaken aus dem Hinterhalt.

Ich weiß nicht, warum ich Krebs habe. Ich kann nur darauf vertrauen, dass Gottes Gedanken höher sind als meine Gedanken und dass etwas Gutes daraus entstehen wird, auf die eine oder andere Weise. Vielleicht dass Gott mich auf die Probe stellt, damit ich später große Dinge für ihn tun kann. Und dass das Leid, das ich jetzt erlebe, mir helfen wird, Menschen in ähnlichen Situationen besser zu verstehen, und mich zu mehr Mitgefühl und Barmherzigkeit führt.

In Psalm 139,15–16 heißt es:

Schon als ich im Verborgenen Gestalt annahm, unsichtbar noch, kunstvoll gebildet im Leib meiner Mutter, da war ich dir dennoch nicht verborgen.
Als ich gerade erst entstand, hast du mich schon gesehen. Alle Tage meines Lebens hast du in dein Buch geschrieben – noch bevor einer von ihnen begann.

Obwohl diese Krankheit und alles, was dazu gehört, völlig sinnlos scheint, weiß ich, dass Gott bei all dem Irrsinn oder in all dem Irrsinn Gutes für mich im Sinn hat. Es mag nicht mit meinen Gedanken übereinstimmen, aber es sind die Gedanken des einen Gottes, der das ganze Universum lenkt. Eines Gottes, der mich schon kannte, bevor ich überhaupt geboren wurde, und der jeden einzelnen Tag meines fast 35-jährigen Lebens an meiner Seite war.

Ich habe keine Antwort auf das Warum, und manches werde ich wahrscheinlich nie verstehen – jedenfalls nicht, solange ich in diesem sterblicher Körper wohne –, doch ich weiß, dass Gott mein Leben in seinen Händen hält, was auch immer geschieht. Und dass er mich nicht im Stich lassen wird.

Denn Gott hat uns versprochen: »Ich lasse dich nicht im Stich, nie wende ich mich von dir ab.«
Deshalb können wir voller Vertrauen bekennen: »Der Herr hilft mir, und ich brauche mich vor nichts und niemandem zu fürchten.«

Hebräer 13,5–6

Ich weiß nicht, wie es bei euch ist, aber mir gibt das eine Menge Sicherheit und Vertrauen, dass alles gut wird. Wovor oder vor wem sollte ich mich da fürchten? Ganz bestimmt nicht vor dem Krebs.

Gepriesen sei Gottes große Güte! Deshalb will ich Halleluja singen.

Halleluja, weil ich so gut auf die Therapie anspreche. So gut, dass die Schwestern mir schon an der Türschwelle die Blutwerte mitteilen.

Halleluja, weil ich eine wunderbare Frau habe, die mich liebt und mir in dieser Schlacht so treu und selbstverständlich zur Seite steht.

Halleluja, weil ich zwei prachtvolle, gesunde Kinder habe, für die ich der beste Papa der Welt bin, obwohl ich mit meinem Chemo-Hirn vielleicht manchmal den Anschein erwecke, als hätte ich nicht mehr alle Tassen im Schrank.

Halleluja, weil Gott an meiner Seite ist, den Weg mit mir geht und für mich kämpft. Er hat all meinen Schutzengeln befohlen, gut auf mich aufzupassen. Er ist meine feste Burg, meine Zuflucht, während um mich herum die Schlacht um mein Leben tobt. Er stellt sich zwischen mich und die tödliche Krankheit und sagt: »Bis hierher und nicht weiter – du kannst ihm nichts anhaben.«

Halleluja, weil ich noch am Leben bin und es noch für viele Jahrzehnte sein werde.

Es gibt so viele Gründe, Halleluja zu singen, so unendlich viele, und solange noch Luft durch meine Lunge strömt, wird jeder mein Halleluja hören.

Was immer ihr Gutes in mir sehen mögt, es kommt von Gott.

Es ist nicht mein Verdienst, sondern seins.

WORTE WIE FEUER

Bin froh, dass ich heute wieder arbeiten kann. Die Woche war heftig, und die Arbeit ist eine willkommene Ablenkung. Ich glaube, wenn ich keine Beschäftigung hätte, würde ich jetzt wie ein Häufchen Elend in der Ecke sitzen und heulen. An Tagen wie diesem fällt es mir schwer, mich am Riemen zu reißen. Dann bekomme ich wieder einmal zu spüren, wie real diese Schlacht ist, mit all ihren Erfolgen und Niederlagen.

Ich musste mir diese Woche ein paar (wahrscheinlich) gut gemeinte, aber äußerst unsensible Kommentare anhören. Worte, die sehr verletzend waren und mich traurig und wütend gemacht haben. Es geht mir schon wieder besser, aber vor ein paar Stunden hätte ich am liebsten jemandem den Schädel eingeschlagen. Ja, ich kann sehr ungemütlich werden. Wenn jemand es wagen würde, meine Familie zu bedrohen, zum Beispiel. Habt ihr schon mal ein Gorillamännchen gesehen, einen mächtigen Silberrücken, wenn jemand seine Sippe angreift? So etwa müsst ihr euch das vorstellen, nur zehnmal so wütend.

Aber zurück zu den Worten.

Schon König Salomo wusste:

Worte haben Macht: Sie können über Leben und Tod entscheiden. Darum ist jeder für die Folgen seiner Worte verantwortlich.

Sprüche 18,21

Auf meinem Weg durch diese Talsohle wird mir zunehmend bewusst, wie sehr das zutrifft. Die Worte mancher Menschen in meinem Leben sind liebevoll und machen mir Mut. Sie sind voller Sanftmut und Güte. Oder voller Hoffnung und Trost. Andere Worte sind achtlos dahingesagt. Worte voller Zweifel, von Leuten, deren Ignoranz mir einen Stich versetzt.

Unsere Worte haben große Macht. Deshalb: Hüten wir unsere Zunge! Unsere Worte können beflügeln und ermutigen – oder erniedrigen und zerstören. Eine scheinbar harmlose Bemerkung kann verheerende Folgen haben, und ein gesprochenes Wort kommt niemals zurück. Ich hatte früher eine ziemlich spitze Zunge und hielt mit meiner Meinung nicht hinterm Berg (da könnt ihr meine Frau fragen), aber in letzter Zeit bin ich vorsichtiger geworden. Nach Möglichkeit überlege ich mir, was ich sagen will, bevor ich den Mund aufmache. Und das ist gut so, denn ich bin sicher, ihr würdet euch wundern, was jemand, der behauptet, Christus nachzufolgen, so alles von sich gibt.

Aber ich lerne – wenn auch auf die harte Tour.

Ich weiß noch, wie ich am Tag meiner Krebsdiagnose von der Klinik nach Hause fuhr. Wie ich versucht habe zu beten, aber alles, was ich herausbrachte, war »Gott, hilf mir.« Nicht sehr sprachgewaltig, aber mehr ging einfach nicht. Selbst heute, fünf Monate später, habe ich nicht viel mehr Worte.

Ich sehe nicht ein, dass ich perfekte, wohlformulierte Gebete aus dem Hut zaubern muss, um zu beweisen, was für ein Superchrist ich bin. Schließlich rede ich mit *Gott*. Und wenn irgendwer hinter die Fassade blickt, hinter der ich meine Ängste und Unzulänglichkeiten verstecken will, dann Er. Und ich bin dankbar, dass ich nicht perfekt und »heilig« sein muss. Gott freut sich auch so, wenn ich zu ihm komme, ganz egal, wie viel Müll ich mitbringe.

Chemotherapie ist gerade eine einzige Quälerei. Während der endlosen Stunden, die ich an der Infusionsnadel hänge, höre ich viel Musik. Eine meiner Lieblingsbands ist seit einiger Zeit *Angels and Airwaves*. In ihrem Song »Secret Crowds« geht es um Worte der Hoffnung, die sich ausbreiten wie Feuer und wie ein lautes Echo widerhallen und alles andere übertönen.

In meinen schwersten Augenblicken münden meine Worte in den einen, verzweifelten Schrei:

Gott, hilf mir.

Und in den folgenden 24 Stunden läuft mein Hilfeschrei um den Erdball, bis meine schwache, gebrochene Stimme tausendfach verstärkt wird von Menschen, die überall auf der Welt für mich beten. Ihre Worte steigen zum Himmel auf wie ein tausendfaches Echo. So laut, so durchdringend, so beharrlich und fordernd, dass Gott sie nicht ignorieren kann. Er *muss* es einfach hören und davon berührt werden. Ich weiß, dass er mein Schreien hört.

Gott, hilf mir.

Keine hochtrabenden Worte, aber sie drücken aus, worauf es beim Beten ankommt: Glaube und Beharrlichkeit. So war es schon zur Zeit Jesu, als die Leute ihn um Heilung gebeten haben.

Wenn ich Gott um Hilfe bitte, so tue ich das in dem festen Glauben, dass er meine Bitte erhören wird.

Das beste Beispiel dafür findet sich im Matthäusevangelium:

Als Jesus in Kapernaum eintraf, kam ein römischer Hauptmann zu ihm und sagte: »Herr, heile meinen Diener! Er liegt gelähmt im Bett und leidet entsetzlich.«
Jesus antwortete: »Ich will mitkommen und ihn heilen.«
Der Hauptmann erwiderte: »Herr, ich bin nicht wert, dich in meinem Haus zu empfangen. Sag nur ein einziges Wort, dann wird mein Diener gesund. Auch ich habe Vorgesetzte, denen

ich gehorchen muss, und ich erteile selbst Befehle an meine Soldaten. Wenn ich zu einem sage: ›Geh!‹, dann geht er. Befehle ich einem anderen: ›Komm!‹, dann kommt er. Und wenn ich zu meinem Diener sage: ›Tu dies!‹, dann führt er meinen Auftrag aus.«
Als Jesus das hörte, wunderte er sich sehr. Er sagte zu den Menschen, die ihm gefolgt waren: »Eins ist sicher: Unter allen Juden in Israel bin ich keinem Menschen mit einem so festen Glauben begegnet. Und ich sage euch: Viele Menschen aus aller Welt werden kommen und mit Abraham, Isaak und Jakob im Himmel das Freudenfest feiern. … Dann sagte Jesus zu dem Hauptmann: »Geh wieder nach Hause! Was du geglaubt hast, ist Wirklichkeit geworden.« Zur selben Zeit wurde der Diener gesund. Matthäus 8,5–13

Ich will Gott beharrlich weiter um Heilung bitten, denn ich bin auf seine Hilfe angewiesen. Und ich kenne meine Schwäche.
Weiter heißt es bei Matthäus:

Als Jesus und seine Jünger die Stadt Jericho verließen, zog eine große Menschenmenge mit ihnen. Zwei blinde Männer saßen an der Straße. Als sie hörten, dass Jesus vorüberkam, riefen sie: »Herr, du Sohn Davids, hab Erbarmen mit uns!«
Die Leute fuhren sie an: »Haltet den Mund!« Aber die Blinden schrien nur noch lauter: »Herr, du Sohn Davids, hab Erbarmen mit uns!«
Da blieb Jesus stehen, rief sie zu sich und fragte: »Was soll ich für euch tun?«
»Herr«, flehten ihn die Blinden an, »wir möchten sehen können!«
Jesus hatte Mitleid mit ihnen und berührte ihre Augen. Im selben Augenblick konnten sie sehen, und sie gingen mit ihm.
Matthäus 20,29–34

Jesus hatte Mitleid mit ihnen. In anderen Bibelübersetzungen heißt es, er war »innerlich bewegt« oder es »jammerte« ihn. Was ist das für ein Gott? Mein Hilfeschrei lässt ihn nicht kalt.

Denn ich gehöre ihm.

Und wie ein Vater seinem Sohn hilft, wenn er in Gefahr ist, ist Gott schon unterwegs, um mich zu retten. Ich höre seine Schritte durch die himmlischen Korridore hallen. Ohne Zögern kommt er direkt auf mich zu. Der König der Könige befiehlt seinem Heer der Engel, auszuschwärmen und mich vor dem Feind zu beschützen, der mir nach dem Leben trachtet. Vor dem Feind, der Tod und Zerstörung plant.

Die Schlacht geht weiter.

Ich habe keine Ahnung, was in den nächsten Wochen, Monaten oder vielleicht sogar Jahren auf mich zukommen wird. Ich weiß nur, dass ich nichts weiß. Aber ich bin ganz sicher: Dieser schwere Weg wird ein Ende haben, ein Ende ohne Schmerz und Trauer. Der Weg wird in einen Triumphzug münden, und ich werde Gott für seine Taten loben. Und mein Halleluja wird laut und deutlich in euren Ohren klingen.

Ich bin nur ein Mensch in einer sterblichen Hülle, und die Gesetzmäßigkeiten der Ewigkeit bleiben mir weitgehend verborgen. Aber ich verstehe genug vom Wesen Gottes, um zu wissen, dass er hält, was er versprochen hat. Gott lügt nicht. Er ist kein Gott, der es sich plötzlich anders überlegt. Sein Wort ist ein felsenfestes Fundament. Und es gilt noch heute.

ÜBER DIE ZIELLINIE

Als ich noch jung war, noch keine zwanzig, habe ich mich als Techniker bei Konzerten ausgetobt. Licht, Ton, Video – alles, je nachdem, wie überzeugend ich die Veranstalter bequatschen konnte, dass ich es draufhatte. Meistens stand ich hinterm Lichtmischpult. Damals kamen gerade die neuen Multifunktionsscheinwerfer auf (Moving Heads und Scanner), und es gab nicht viele Leute vor Ort, die damit umgehen und sie effektiv einsetzen konnten. Zugegeben, ich habe mich ziemlich wichtig gemacht (ein Charakterzug, den ich heute noch besitze), aber es war absolut mein Ding, und ich lieferte eine tolle Lightshow.

An eine Veranstaltung kann ich mich noch ganz genau erinnern, ein Konzert mit Chris Falson in einer Kirche (die heute Riverview Church heißt) in meinem Heimatort Perth in Westaustralien. Unvergesslich auch der Vox AC30 Amp, den er an dem Abend spielte, in einer bunten Sonderlackierung mit blumigem Hippie-Flair – ein Look, der besser zu einem VW-Bus aus den 60er-Jahren passte als zu einem klassischen Gitarrenverstärker. Es war eines unter vielen Konzerten, aber für mich der entscheidende Abend, an dem der Groschen fiel und ich plötzlich wusste: Das war es, was ich machen wollte. Das waren das Licht und der Sound meiner Träume. Im Raum war Gottes Gegenwart spürbar, die sich wie eine warme Decke um mich legte (inzwischen ein vertrautes Gefühl). Aber was mich am meisten beeindruckte, war die Power, mit der Chris und seine Band ihre Message rüberbrachten und auf ihren Instrumenten herumhämmerten. Und damit deutlich zeigten, dass man in einem Gotteshaus nicht nur zarte, leise Töne spielen darf.

Wenn ich heute zurückblicke, fällt mir auf, wie sehr dieses Konzert mein eigenes Gitarrenspiel beeinflusst hat, und auch meine Einstellung zu meiner Arbeit und meinem Leben. Damals herrschte noch die landläufige Meinung, dass Rockmusik in der Kirche nichts zu suchen hat, doch Chris und seine Band scherten sich nicht darum. Und wenn jemand etwas dagegen hatte, drehten sie einfach den Lautstärkeregler hoch, richteten den Blick zum Himmel und spielten weiter, denn die Musik war ihr Leben.

Achtzehn Jahre später, in meinen schlaflosen Nächten, habe ich plötzlich diesen Song von Chris im Kopf. Die Stille, die meine

Welt zwischen zwei und vier Uhr morgens einhüllt, wird nur von der Brandung unterbrochen, die ein paar Hundert Meter entfernt an den Strand der South Curl Curl Beach rollt. Und dazwischen kommt und geht, wie in einer Endlosschleife, die Melodie des Refrains:

Wirst du bis zum Ende durchhalten
Und es über die Ziellinie schaffen?
Oder bist du müde
Und es leid, von allen beobachtet zu werden?
Wirst du es schaffen
Und deinen Namen in Gottes Herrlichkeit schreiben?

Chris Falson: »Wind in His Hair/ Can You Go the Distance«

Ihr könnt mir glauben, dass ich nach fünf Monaten und zehn Behandlungszyklen mit zytotoxischen Mitteln wirklich langsam müde werde. Und das Ganze ziemlich satt habe. Wobei mein Körper das alles erstaunlich gut verkraftet. Ich bin stark. Stärker, als ich gedacht habe, aber die Nebenwirkungen sind trotzdem äußerst unangenehm. Meine Chemotherapie ist wie eine Flächenbombardierung: wahllos und alles vernichtend. In einem Rundumschlag wird alles platt gemacht, auch die gesunden Zellen. Der Ausdruck »Kollateralschaden« hat für mich eine ganz neue Bedeutung bekommen.

Ich bin müde. So wahnsinnig müde.

Ich frage mich, wie lange das so weitergeht.

Wie weit der Weg noch ist, der vor mir liegt.

Ich weiß, dass er irgendwo ein Ende haben muss, aber dazwischen liegen Berge und Täler, Serpentinenstraßen und nicht einsehbare Kurven. Und ich bin nicht allein unterwegs, auch meine Frau und meine Kinder müssen diesen langen, steinigen Weg gehen. Mir ist bewusst, wie sehr sie unter der Situation leiden, und ich versuche, ihnen so viel wie möglich zu ersparen. Ich versuche, mich selbst gegen Ängste und Zweifel zu wappnen, und gebe ihnen damit die Sicherheit, die sie brauchen. Ich bin das Familienoberhaupt und dafür verantwortlich, meine Frau und meine Kinder zu schützen.

Mehr als alles andere zermürbt mich die psychische Seite der Behandlung. Ich bin ständig am Anschlag, stehe dauernd unter Strom. Ich denke pausenlos an meine Blutwerte und Tumormarker, an meine Termine (Welcher Tag ist heute? Wann ist die nächste Infusion?) und bin sehr vergesslich. Meine Gedanken drehen sich im Kreis. Wie lange hänge ich schon am Tropf? Wie lange noch, bis sie mich abhängen? Und so weiter. Das reinste Chaos.

Und im Hinterkopf lauert das *Was ist, wenn …?*

Was ist, wenn ich nicht durchhalte?

Was ist, wenn ich es nicht schaffe und meine Familie im Stich lasse?

Manche von euch werden vielleicht sagen, das sei kleingläubig, und so dürfe man nicht denken. Ich weiß nicht. Ich bin auch nur ein Mensch und bin mir meiner Sterblichkeit sehr wohl bewusst. Den medizinischen Aspekt zu ignorieren, wie mein Onkologe ihn darstellt, hätte mit Glauben nichts zu tun, sondern wäre Verantwortungslosigkeit. Glaube heißt doch vielmehr, Gottes Verheißungen zu vertrauen, auch wenn der Krebs laut Statistik die besseren Karten hat. Ich bin der Überzeugung, dass Glaube nichts mit Autosuggestion zu tun hat oder mit der Kraft des positiven Denkens. Meiner Meinung nach hat der Glaube eine viel tiefere Dimension und ist viel weniger greifbar. Er lässt sich nicht mit dem Verstand erfassen, nur mit der Seele. Er wohnt an jenem undefinierbaren Ort, von dem wir wissen, dass er existiert, aber nicht genau sagen können, wo er sich befindet. Glaube ist für mich ein »Bauchgefühl«, er ist nicht kopfgesteuert. Er ist mir ins Herz gepflanzt, und seine Wurzeln sind tief.

Wenn ich schwach werde und befürchte, dass mir irgendwann die Puste ausgeht, dann trägt mich Gott im Glauben an ihn. Er schenkt mir einen langen Atem und die Gewissheit, dass ich es schaffen werde, und zwar mit einem starken Finish. Ich werde nicht japsend über die Ziellinie hinken, sondern auf der Zielgeraden einen Endspurt hinlegen. Mein Glaube, die Beziehung zu Gott, die ist stärker als meine eigene Sterblichkeit. Diese Gewissheit – die ich dringend brauche – ist ein Geschenk, das ich dankbar annehme.

Der Krebs will mich aus dieser Welt verbannen, doch ich bleibe. Er wird natürlich aufmucken und so lange wie möglich Widerstand leisten und die Dinge in die Länge ziehen, aber es wird ihm nichts nützen. Denn mein Leben gehört nicht mir, es gehört Gott. Ich bin teuer erkauft. Es war ein hoher Preis, der für meine Rettung bezahlt wurde – für meine Erlösung, für mein Leben und für meine Gesundheit. Als die römischen Soldaten vor vielen Jahren auf einem Hügel in Jerusalem die Nägel in die Hände meines Retters trieben, nagelten sie nicht nur Ihn ans Kreuz, sondern auch alles, woran ich leide. Das wird nicht das letzte Wort haben. Das hat Jesus für mich getan.

Im Buch Jesaja steht:

Er wurde verachtet, von allen gemieden. Von Krankheit und Schmerzen war er gezeichnet. Man konnte seinen Anblick kaum ertragen. Wir wollten nichts von ihm wissen, ja, wir haben ihn sogar verachtet.
Dabei war es unsere Krankheit, die er auf sich nahm; er erlitt die Schmerzen, die wir hätten ertragen müssen. Wir aber dachten, diese Leiden seien Gottes gerechte Strafe für ihn. Wir glaubten, dass Gott ihn schlug und leiden ließ, weil er es verdient hatte.
Doch er wurde blutig geschlagen, weil wir Gott die Treue gebrochen hatten; wegen unserer Sünden wurde er durchbohrt. Er wurde für uns bestraft – und wir? Wir haben nun Frieden mit Gott! Durch seine Wunden sind wir geheilt.

Wir alle irrten umher wie Schafe, die sich verlaufen haben; jeder ging seinen eigenen Weg. Der Herr aber lud alle unsere Schuld auf ihn.
Er wurde misshandelt, aber er duldete es ohne ein Wort. Er war stumm wie ein Lamm, das man zur Schlachtung führt. Und wie ein Schaf, das sich nicht wehrt, wenn es geschoren wird, hat er alles widerspruchslos ertragen. Man hörte von ihm keine Klage. …
Doch es war der Wille des Herrn: Er musste leiden und blutig geschlagen werden. Wenn er mit seinem Leben für die Schuld der anderen bezahlt hat, wird er Nachkommen haben. Er wird weiterleben und den Plan des Herrn ausführen.

Jesaja 53,3–10

Wenn der Krebs eines Tages an der Himmelspforte stehen würde und sein Recht einfordern wollte, wird Jesus in den Zeugenstand treten und gegen ihn aussagen. Er wird bezeugen, dass er den Krebs und alle Krankheit besiegt hat – er hat das letzte Wort, durch Seinen Tod und Seine Auferstehung. Ein Deal, der vor über 2000 Jahren abgeschlossen wurde und nicht wieder rückgängig gemacht werden kann.

In der Offenbarung heißt es:

… »Fürchte dich nicht! Ich bin der Erste und der Letzte, und ich bin der Lebendige. Ich war tot, doch nun lebe ich für immer und ewig, und ich habe Macht über den Tod und das Totenreich.«

Offenbarung 1,17–18

Das gilt auch für den Krebs. Er ist erledigt, gefesselt und für immer in Ketten gelegt.

Das ist mein Glaube.

Und die Ärzte können mir erzählen, was sie wollen – ja, der

Krebs hat vom Darm auf die Leber übergegriffen, eine Operation ist nicht möglich, und nach fünfmonatiger Behandlung mit aggressiven Mitteln sind auf dem CT-Scan immer noch Tumoren erkennbar – doch ich kann erhobenen Hauptes sagen: »Das weiß ich. Sie können zwar diesen Organismus reparieren, aber ich kenne den Hersteller.«

In Psalm 91,14–16 steht:

Gott sagt: »Er liebt mich von ganzem Herzen, darum will ich ihn retten. Ich werde ihn schützen, weil er mich kennt und ehrt. Wenn er zu mir ruft, antworte ich ihm. Wenn er keinen Ausweg mehr weiß, bin ich bei ihm. Ich will ihn befreien und zu Ehren bringen.
Bei mir findet er die Hilfe, die er braucht; ich gebe ihm ein erfülltes und langes Leben!«

Ich habe Krebs in meinem Körper, aber Gottes Verheißungen in meinem Herzen.

Und, passt auf, ihr *werdet* erleben, wie ich es über die Ziellinie schaffe!

Nicht aus eigener Kraft, aber mit Gottes Hilfe.

AUS RACHELS SICHT

Einen kranken Partner zu pflegen, ist weder besonders heldenhaft noch besonders angenehm. Kristian gab sich Mühe und tat, was er konnte, aber er hatte damals ein sehr dünnes Nervenkostüm, das heißt, ihm brannte leicht die Sicherung durch. Wir wohnen in einem kleinen Häuschen mit Holzböden und dünnen Wänden … und haben zwei lebhafte Jungen – keine gute Kombination.

Kristian versuchte zwar nach Kräften, sich zusammenzureißen, aber er vertrug keine lauten Geräusche, vor allem keinen plötzlichen Lärm. Ich war so weit, dass ich zu ihm sagte: »Wenn du merkst, dass dein Stresspegel steigt, dann geh ins Schlafzimmer und mach die Tür zu. Ich kümmere mich um die Kinder.« Und so war es oft. Wenn Kristian fühlte, dass ihm gleich der Kragen platzte, sagte er »Ich muss hier raus« und zog sich zurück.

Das Schlimme war, dass auch die Kinder sich von ihm zurückzogen und sich in seiner Gegenwart nicht mehr richtig wohlfühlten, beinahe, als hätten sie Angst vor ihm. Sie wollten immer nur Mama. Mama sollte sie in die Badewanne stecken und aus der Wanne wieder rausholen, Mama sollte ihnen beim Anziehen helfen, und so weiter. Sie waren verunsichert, weil sie nie wussten, in welcher Stimmung Kristian war und wie er reagieren würde. Es brach ihm das Herz, denn er tat alles, um den Jungs ein guter Vater zu sein.

Manchmal musste ich mich bei einer Freundin ausheulen, nachdem Kristian wieder einmal die Beherrschung verloren hatte. Hinterher tat es ihm immer leid, und er hat sich jedes Mal entschuldigt, das war so lieb von ihm. Und ich wusste natürlich, dass nicht er es war, sondern die Medikamente, die alles veränderten. Aber das machte das tägliche Zusammenleben auch nicht einfacher.

Wer jemanden in seinem Bekanntenkreis hat, der an Krebs erkrankt ist, der weiß, dass jeder Patient anders auf die Therapie reagiert. Niemand kann im Voraus genau sagen, was ein Medikament bei wem auslösen wird. Doch ich wollte so viel wie möglich darüber wissen und mich informieren, wie ich ihm helfen konnte. Denn ich wusste: Letztendlich hing alles vor mir ab, und es war meine Aufgabe, Kristian das Leben mit der Krankheit so erträglich wie möglich zu machen. Ich wusste: Je mehr ich darüber weiß, desto besser werde ich damit zurechtkommen. Deshalb wollte ich wissen, was auf uns zukam: Würde er von früh bis spät erbrechen? Würde er sämtliche Haare verlieren (die wenigen, die er hatte)? Wie wird sich der Krebs auf unser Familienleben auswirken?

Ich konnte noch nie gut mit Krankheit umgehen und bin keine gute Pflegerin, und Kristian war selbst bei der kleinsten Erkältung ein schwieriger Patient. Wie offenbar viele Männer war er absolut ungenießbar, wenn er krank war, und ich machte mir Sorgen, wie es erst werden würde, wenn es ihm richtig schlecht ging. Ich hatte keine Ahnung, wie ich damit klarkommen und ob ich genug Geduld aufbringen würde.

Doch als er dann schwer krank war, schaltete ich voll und ganz in den »Krankenschwester-Modus«. Als er einen künstlichen Darmausgang hatte und im Krankenhaus lag, wechselte ich seinen Stomabeutel, bezog sein Bett frisch und wusch ihn vor dem Schlafengehen. Zu Hause half ich ihm beim Ein- und Aussteigen in die Dusche, und als er nur noch im Bett liegen konnte, machten wir Witze darüber, dass er eine Klingel bräuchte, um nach mir zu läuten, damit er nicht so laut rufen musste. Es war ihm unangenehm, dass ich ihn rund um die Uhr pflegen musste, aber es war mir nie eine Last. Im Gegenteil, ich war froh um alles, was ich für ihn tun konnte, solange er noch bei uns war. Es war eine kostbare Zeit, die ich nicht missen möchte, denn ich wusste, es waren vielleicht die letzten Tage, in denen er noch helle Momente hatte.

3

Ich kann mich glücklich schätzen

TAGE WIE DIESER

19. April 2009

Heute stehe ich auf der Kippe, alles hängt am seidenen Faden.

An manchen Tagen komme ich ganz gut mit dem Krebs klar. Eigentlich an den meisten. Heute nicht.

Ich habe mir irgendeinen Magen-Darm-Virus eingefangen und verbrachte den größten Teil der Nacht auf der Toilette oder mit dem Kopf über der Kloschüssel. Beides sehr unangenehm, vor allem das Erbrechen. Als ob der ganze Magen plötzlich implodiert, als ob man aus einer Papiertüte die Luft abzieht. Mein Körper wehrt sich gegen etwas, das er loswerden will, und zwar sofort. Wieder einmal wird mir bewusst, wie labil mein Zustand ist. Der kleinste Infekt haut mich um und hat verheerende Auswirkungen auf den ganzen Organismus.

Es gibt keine Kompromisse, keine goldene Mitte. Es ist entweder alles gut oder alles schlecht. Und heute bin ich total am Ende. Ich sitze hier am Tisch und versuche, zu schreiben, Jakob hat sich auf dem Sofa eingekuschelt, den Daumen im Mund, und guckt seine Lieblingssendung, *Coco, der neugierige Affe*, und ich bin die ganze Zeit am Heulen. Absolut unmännlich, ich weiß. Aber ich kann nichts dagegen tun. Ich sehe meinen kleinen Sohn und denke verzweifelt daran, wie aussichtslos mein Kampf ist. Aber wenn ich aufgebe, verlieren meine beiden Jungs ihren Daddy. Und ich mache Rachel zur Witwe. Der Gedanke ist unerträglich. Doch

Weiterkämpfen heißt, mich den ständigen Schmerzen auszuliefern, der Übelkeit und dem Erbrechen, den brennenden Fingern (wieder eine neue Nebenwirkung), der sich schälenden Haut und den wunden Stellen am ganzen Körper.

An Tagen wie heute habe ich einfach keine Kraft mehr. Ich versuche, mich zusammenzureißen, doch ich schaffe es nicht. Ich bin völlig ausgepowert.

An Tagen wie heute kann ich nur noch um Gnade flehen und zu Gott im Himmel schreien.

Gott, hilf mir.

Alles, was ich habe, ist sein Versprechen:

»Ich lasse dich nicht im Stich, nie wende ich mich von dir ab.«

Hebräer 13,5

Herr, ich brauche ein Wunder, und ich brauche es schnell. Bitte!

KEINE ANGST VOR DEM MONSTER

Heute bin ich wütend. Richtig aggressiv.

Meine Aggressionen richten sich nicht gegen eine bestimmte Person. Nur gegen den Krebs.

Wenn ich auf dem Schlachtfeld wäre, ich würde meinen Degen ziehen und alles kurz und klein hauen.

Und weiterkämpfen, bis ich der Letzte wäre, der noch übrig ist.

Der Krebs wird sterben. Nicht ich.

Ich fühle, wie die Wut in mir immer größer wird, wie der Druck steigt wie in einem Dampfkochtopf.

Trotzdem weiß ich: Die Schlacht ist bereits gewonnen. Ich kann es nicht erklären, ich weiß es einfach. Denn hinter mir steht Gottes Heer der Engel, bereit, mit voller Kraft loszuschlagen und den Krebs ein für alle Mal zu vernichten.

Los, du Monster, zeig dich, wenn du dich traust – ich bin hier! Dein letztes Stündlein hat geschlagen.

FLUCH UND SEGEN

Langfristige Pläne zu machen, ist ein Luxus.

Obwohl ich immer noch überzeugt bin, dass ich mich von meiner lästigen Krankheit namens Krebs erholen werde, ist die Zukunft ungewiss. Viele Fragen bleiben offen. Ich kann schlecht vorausplanen.

Trotzdem schmiede ich Pläne.

Pläne für alles Mögliche: Urlaube, Musik- und Filmprojekte, ein Haus zu kaufen, mehr Kinder zu kriegen ... wovon man so träumt, wenn man sich keine Gedanken darüber zu machen braucht, ob man es noch erleben wird.

Aber, so komisch es klingt, der Krebs, der wie ein Damoklesschwert über meinem Kopf schwebt, ist irgendwo auch ein Segen. Wie das?

Weil ich so die Chance habe, manches aus einer anderen Perspektive zu sehen und Dinge umzusetzen, die mein Leben bereichern – und das Leben meiner Mitmenschen. Manche Einsichten, die ich jetzt gewinne, haben die meisten Leute erst auf dem Sterbebett, und dann ist es zu spät.

So gesehen, habe ich wirklich Glück.

Der Krebs erinnert mich täglich daran, dass meine Zeit auf der Erde keine Selbstverständlichkeit ist, und jeden Tag so zu leben, als wäre es mein letzter.

Auch meine Wahrnehmung ist eine andere geworden. Mein Gedächtnis ist dank der Chemotherapie eine einzige Wüste, aber das Gedächtnis des Herzens ist unversehrt. Während ich Alltägliches ganz oft vergesse (sehr zum Leidwesen meiner Frau), erinnere ich mich regelmäßig an andere, weniger greifbare Dinge.

Ich denke daran, auf meine Wortwahl zu achten, wenn ich mit Leuten rede, damit ich nichts Verletzendes sage, für das ich mich vielleicht nicht mehr entschuldigen kann.

Ich denke daran, dass ich eine integre Persönlichkeit sein möchte, denn die Menschen, die mir wichtig sind, sollen mich als aufrichtigen, einfühlsamen und hilfsbereiten Mann wahrnehmen können.

Ich denke daran, dass all das, wonach wir in diesem Leben streben – Glück, Ruhm, Macht, Reichtum, »Erfolg« (was immer das ist) – überhaupt nicht wichtig ist. Wirklich nicht.

Und das Wichtigste: Ich denke jeden Tag daran, Rachel, Cody und Jakob zu sagen, dass ich sie liebe. Und nicht nur zu sagen, sondern auch zu zeigen. Wenn ich eines Tages gehen muss, dann wissen sie, wie viel sie mir bedeutet haben. Sie zu verlieren, ist das Allerschlimmste, was ich mir vorstellen kann.

Manchmal höre ich den Ausdruck »von Krebs betroffen.« Mein Leben ist nicht »betroffen«, es ist massiv bedroht. Die Krankheit hat mir das Messer an die Kehle gesetzt, und ich finde sie im wahrsten Sinne des Wortes zum Kotzen, das könnt ihr mir glauben. Aber ich werde mich nicht ins Bockshorn jagen lassen. Je härter der Krebs mich bekämpft, desto härter werde ich zurückschlagen. Ich habe alles zu verlieren, allein deshalb werde ich kämpfen bis aufs Blut.

Ganz oft setzen die Leute Krebs mit Tod gleich, und in vielen Fällen mag das auch zutreffen. Aber nicht für mich. Krebs ist definitiv etwas, worauf man gern verzichten würde. Er ist definitiv ein Einschnitt in unserem Leben. Und etwas, das ich noch nicht mal meinem schlimmsten Feind wünschen würde. Aber da er schon mal da ist, kann ich auch etwas daraus lernen.

In 1. Mose 50,20 heißt es:

Ihr wolltet mir Böses tun, aber Gott hat Gutes daraus entstehen lassen.

Ich habe also eine Gelegenheit, wie sie die meisten Leute nie bekommen! Die Gelegenheit, das Leben zurückzufordern, aus einer Perspektive, in der man normalerweise nur noch den Tod vor Augen hat.

Allein deshalb kann ich mich glücklich schätzen wie kaum jemand auf diesem Planeten.

WARUM?

War heute Vormittag im Krankenhaus zum Bluttest, der (neuerdings) alle drei Wochen gemacht wird, und um meine nächste Ration von 84 Chemo-Tabletten abzuholen. Die Tabletten reichen für vierzehn Tage. Danach habe ich eine Woche Pause, damit sich mein Immunsystem erholen kann.

Meistens gehe ich frühmorgens hin, wenn es auf der Onkologiestation noch ruhig ist. Aber heute war ziemlich viel los, und ich musste warten, während sich die Schwestern um andere Patienten kümmerten, die gerade ihre Infusionen bekamen.

Im Wartezimmer die gleichen, bekannten Gesichter. Uns verbindet ein stilles Einverständnis, wir wissen Bescheid, jeder weiß, was der andere durchgemacht hat und noch durchmachen wird.

Heute entdeckte ich zwei neue Gesichter. Das eine gehörte einer Frau, die aussah, als hätte der Krebs in ihr den Kampf schon gewonnen, und sie wusste es. Ihre Augen waren voller Angst, und am liebsten wäre ich zu ihr gegangen und hätte ihr tröstend den Arm um die Schulter gelegt. Aber das wäre natürlich absolut unpassend gewesen, da wir uns ja nicht kannten. Also lächelte ich ihr nur jedes Mal, wenn sie in meine Richtung schaute, Mut machend zu.

Das zweite neue Gesicht gehörte einer Besucherin. Sie kam, als ich gerade gehen wollte, mit verquollenen, geröteten Augen. Die Schwestern standen mit ihr im Flur und umarmten sie, und alle weinten leise. Ihr Mann war in der Nacht gestorben, und sie war gekommen, um sich noch mal bei den Schwestern zu bedanken für das, was sie für ihn getan hatten.

Ich schluckte und kämpfte gegen die aufsteigenden Tränen. Ich wusste, wie der Frau zumute war, aber ich konnte ihr nicht helfen. Der Tod hatte Einzug in ihr Leben gehalten. Niemand konnte ihr helfen.

Die Schwestern verabschiedeten sich und zogen sich ins Stationszimmer zurück, um sich zu sammeln, bevor sie zu den warteten Patienten gingen. Ich saß stumm da, wie versteinert, und wusste nicht, ob ich etwas sagen oder unauffällig hinausgehen sollte.

Schließlich stand ich auf, ging zur Rezeption, um die üblichen Formulare zu unterschreiben, und stahl mich leise davon.

Was ich heute Morgen erlebt habe, geht mir immer noch nach. Ich kriege das nicht unter einen Hut, dass ich auf dem Weg der Besserung bin, während andere sterben müssen.

Warum ich?

Warum sie?

Warum überhaupt Krebs?

Neulich erzählte ich meinem Onkologen, dass ich von Bekannten nach meiner Prognose gefragt wurde. Er war entsetzt, dass jemand so unsensibel war, eine derart indiskrete Frage zu stellen. Er würde jedenfalls keine Prognose wagen, und wenn ich das nächste Mal gefragt würde, solle ich einfach antworten, ich würde mit Sicherheit sterben – denn das würden wir früher oder später alle.

Seine Reaktion machte mich nachdenklich und ärgerlich. Später, auf dem Weg zum Parkplatz, begann ich, mit Gott zu reden. Denn mit wem könnte man besser reden, wenn es um Leben und Tod geht?

Gott, du kannst dem Leid ein Ende setzen. Warum tust du es dann nicht?

Stille.
Es steht mir nicht zu, zu wissen warum.
Gott sagt:

Meine Gedanken sind nicht eure Gedanken, und meine Wege sind nicht eure Wege.
Denn wie der Himmel die Erde überragt, so sind auch meine Wege viel höher als eure Wege und meine Gedanken als eure Gedanken.

Jesaja 55,8–9

Ich glaube, dass das Leben ein Geschenk ist, und dass Gott für jeden Einzelnen von uns eine bestimmte Lebenszeit festgelegt hat. Das muss ich nun mal akzeptieren, denn daran kann ich nichts ändern.

Trotzdem. Mir gefällt der Gedanke nicht, dass ich sterben muss.

Der britische Komiker Lenny Henry hat gesagt, er fände es höflicher vom Tod, wenn er mit uns einen Termin ausmachen würde, bevor er kommt, um uns zu holen. Etwa so wie der Stromableser oder der Klempner. Er könnte zum Beispiel einen Zettel unter der Tür durchschieben, auf dem steht: »Habe leider niemanden angetroffen. Komme morgen um 15:30 Uhr wieder.«

Dann wüssten wir wenigstens, wann wir auf keinen Fall zu Hause sein dürfen.

DAS WERTVOLLE METALL

Genau heute vor sieben Jahren haben Rachel und ich geheiratet, am 9. Juni 2003.

Es war ein Montag, ein Feiertag, und wir fanden die Idee cool, bei Sonnenuntergang zu heiraten. Auf unseren Einladungskarten stand die Uhrzeit 4.44pm (16:44 Uhr). Die meisten fragten uns, warum wir diese komische Zeit gewählt hätten, und ich sagte: »Weil es eine Uhrzeit ist, die man nicht vergisst.« Außerdem war es unsere Hochzeit, und wir konnten bestimmen, wann sie anfangen sollte.

Und da alle sich über die merkwürdige Uhrzeit unterhielten, kamen fast alle pünktlich, und etwa eine Stunde später waren Rachel und ich Mann und Frau. An ihrem Finger, neben dem Verlobungsring, glänzte ein Trauring aus Platin, an meiner Hand ein ähnlicher Ring. Der Juwelier, bei dem wir die Ringe gekauft hatten, sagte, dass sich die meisten Leute für Ringe aus Gold oder Weißgold entscheiden. Er würde bei Trauringen am liebsten Platin verarbeiten. Weißgold sieht zwar ähnlich aus, ist aber eine Legierung, die Nickel und andere Metalle enthält. Platin dagegen besticht durch seine Reinheit. Ich hatte mir vor dem Ringkauf keine Gedanken über das Material gemacht, aber ich wusste, dass Platin seltener und wertvoller ist als Gold. Und meine Braut verdiente das kostbarste aller Schmuckmetalle, als Ausdruck meiner Liebe.

Sieben Jahre sind vergangen, und als wir uns damals »in Gesundheit und Krankheit« die Treue versprochen haben, hätten wir uns garantiert niemals träumen lassen, was das konkret bedeutet.

Übermorgen wird mir das Edelmetall noch mal begegnen, allerdings in einer anderen Form. Statt es am Körper zu tragen, wird es per Infusion in meinen Körper hineingeleitet.

In den vergangenen drei Wochen sind meine Tumormarker – die Zahlen, die anzeigen, wie aktiv die Krebszellen sind – wieder in die Höhe geklettert. Der niedrigste CEA-Wert, 258, ist auf 504 gestiegen. Kein gravierender Anstieg, wenn man bedenkt, dass ich bei 4323 angefangen habe (der Normalwert beträgt 3 oder weniger), aber prozentual haben sich die Werte verdoppelt.

Deshalb steht mir ein weiterer Therapiezyklus im Krankenhaus bevor: alle drei Wochen eine Infusion mit einem neuen Medikament. Fragt mich bitte nicht nach pharmakologischen Einzelheiten.

Meine bisherige chemische Keule bestand aus drei Medikamenten in Kombination mit Folinsäure. Ein Cocktail, der sich als sehr wirkungsvoll erwies, aber der mich jedes Mal eine ganze Woche außer Gefecht setzte. Der neue Kampfstoff soll sozusagen den Status quo aufrechterhalten, bis ich mit meiner Arbeit an einer Fernsehserie fertig bin. Danach kehren wir zur altbewährten Chemo zurück, mit der Aussicht auf eine OP in ein paar Monaten, um die Tumoren auf meiner Leber zu entfernen. Anscheinend kann man von der menschlichen Leber bis zu drei Vierteln wegschneiden, denn sie besitzt die außergewöhnliche Fähigkeit, sich zu regenerieren und neue Leberzellen zu bilden. Das heißt, sie würde in sechs bis acht Wochen »nachwachsen«, gesund und krebsfrei. Die Leber ist das einzige Organ, das so etwas kann – sozusagen ein Super-Organ!

Befinde mich also wieder mal in der Warteschleife. Immerhin verdiene ich zurzeit genug Geld, sodass wir in meiner Genesungsphase über die Runden kommen sollten. Und, wenn nötig, auch darüber hinaus.

Als ich damals mit der Chemo begann, hatte ich nicht die geringste Ahnung, was auf mich zukommen würde. Naiv wie ich war, dachte ich, ich könnte sofort nach der Infusion wieder arbeiten gehen (und habe mich tatsächlich an den ersten zwei Tagen ins Studio geschleppt). Natürlich stand mein ganzer Körper, nachdem er zum ersten Mal mit Gift vollgepumpt worden war, vollkommen unter Schock, und ich klappte zusammen. Vollständig.

Das soll mir nicht noch mal passieren. Darum habe ich mich dieses Mal schlau gemacht und ein bisschen recherchiert, was das neue Gift für Auswirkungen hat. Und, ehrlich gesagt, es macht mir Angst.

Oxaliplatin ist ein ziemlicher Hammer, müsst ihr wissen. Es be-

einträchtigt das Nervensystem. Eine typische Nebenwirkung ist zum Beispiel extreme Kälteempfindlichkeit. Das ist super, denn der Winter steht vor der Tür. Zusätzlich zu den üblichen Begleiterscheinungen wie Durchfall, Erbrechen und Übelkeit kann es in seltenen Fällen auch zu Hörschäden kommen.

Oder zum totalen Gehörverlust.

Bei Weitem nicht so häufig wie die anderen Nebenwirkungen, aber umso beängstigender.

Mit meinem Gehör verdiene ich meinen Lebensunterhalt: als Videoeditor, Toningenieur und Musiker. Seit meinem Highschool-Abschluss habe ich nichts anderes gemacht, und ich liebe meine Arbeit. Ich möchte nichts anderes machen.

Ich bin ziemlich nervös. Echt nervös. Bitte betet, dass mein Gehör intakt bleibt.

Ich habe immer noch Mühe, zu begreifen, was da alles in meinem Leben passiert, und im Leben meiner Familie. Wahrscheinlich werde ich es nie ganz verstehen. Aber eins weiß ich ganz sicher: Ein Stück Kohle wird nur durch hohen Druck zum Diamanten. Ich kann behaupten, dass ich zurzeit ziemlich viel Druck ausgesetzt bin; Rachel ebenso. Aber wenn dieser Albtraum vorbei ist und die Verwandlung komplett, wird mein Leben – unser Leben – ein strahlendes Licht reflektieren, und die Lichtquelle wird für alle deutlich sichtbar sein.

Ich glaube fest daran.

Alles Gute zum Hochzeitstag, mein Schatz. Ich liebe dich.

ALLES UMSONST?

War heute mal wieder im Krankenhaus zum Bluttest. Den üblichen Test, der immer gemacht wird, bevor ich meine Tabletten nehme, um sicherzugehen, ob ausreichend Leukozyten vorhanden sind, um mit der Chemo klarzukommen. Der letzte Bluttest war vor vier Tagen, vor der Oxaliplatin-Behandlung. Die Ergebnisse kamen heute Morgen. Meine Werte sind wieder gestiegen, von 504 auf 674.

Das heißt: Ein deutlicher Aufwärtstrend bei den letzten vier Tests: 258 → 340 → 504 → 674.

Also ein Anstieg von 161 Prozent.

Das bedeutet, dass der Krebs wieder aktiv ist.

Seufz. Da wären wir wieder – und alles geht von vorn los.

Ich versuche, daran zu denken, was Gott über meine Zukunft gesagt hat, aber alles, was ich im Moment sehe, ist diese Zahl, 674, die wie eine rote Warnleuchte blinkt. Ich bin nur ein schwacher Mensch, verletzlich, empfindlich und sehr sterblich. Ich denke an alles, was wir bisher erreicht haben, an die Hölle, durch die mein Körper neun Monate lang gegangen ist – und jetzt dieser Rückschritt. Darum also das Oxaliplatin. Mein Arzt hat es kommen sehen.

Es muss ein ziemliches Hammermedikament sein. Ein Freund von mir mit einer ähnlichen Diagnose sagt, Oxaliplatin sei das schlimmste, das er je bekommen hat. Bis jetzt kann ich mich glücklich schätzen, denn es geht mir körperlich, den Umständen entsprechend, ganz gut. Gott hält offensichtlich seine Hand über mich. Und das bisschen Übelkeit kriegt man mit Tabletten in den Griff. Ich konnte sogar am Tag nach der Infusion gleich wieder arbeiten, und außer meiner Müdigkeit (ich bin wirklich *extrem* müde) scheint alles im grünen Bereich. Auch die Kälteempfindlichkeit durch die geschädigten Nerven hält sich in Grenzen, wenn ich mich entsprechend schütze.

Trotzdem verfolgen mich diese Zahlen. Ich fühle mich betrogen. Es war ein hartes Stück Arbeit, von 4323 auf 258 zu kommen.

500 Stunden IV-Infusion. Unzählige Tage im Bett, Kampf gegen Übelkeit und andere Nebenwirkungen, und jetzt sieht es so aus, als sei alles umsonst gewesen.

Ich denke zwar, dass es sich um einen vorübergehenden Einbruch handelt, aber das schale Gefühl, übers Ohr gehauen worden zu sein, bleibt. Es macht mich wütend, denn es ist einfach nicht fair. Ich werde nicht so leicht wütend, aber Ungerechtigkeit macht mich rasend. Und im Moment bin ich stinkwütend. Hätte der Krebs eine menschliche Gestalt und würde in dem Augenblick vor mir stehen, ich hätte keinerlei Skrupel, ihm den Hals umzudrehen. Und könnte hinterher ruhig und ohne schlechtes Gewissen schlafen.

Tut mir leid, wenn ich euch schockiert habe, aber mir geht es heute wirklich mies. Doch das wird schon wieder, selbst wenn die Werte sich nur langsam normalisieren.

Zum Glück gibt es die Musik der US-Gruppe *Train*, die mich zurzeit immer wieder aufbaut. Ich freue mich total, sie beim Konzert nächste Woche live zu hören. Komisch, dass wir ganz oft meinen, Gott würde nur durch »geistliche« Dinge zu uns sprechen. Durch etwas oder jemanden, der oder das besonders »fromm« oder »gesegnet« ist. Ich weiß nicht, wie es bei den Bandmitgliedern von *Train* aussieht und wie sie zu Gott stehen, aber ihre Musik ist gut und gibt mir Kraft. Echt gute Medizin.

GOTT, HILF MIR

Heute kam das Ergebnis von dem Bluttest vor drei Tagen. Meine Krebsmarker haben sich schon wieder verdoppelt.

Keine gute Nachricht.

Rachel ist mit den Kindern in Neuseeland und besucht ihre Familie. Konnte sie bisher nicht erreichen.

Ich bin total fertig. Das Haus ist ausgestorben und verlassen. Nur mein Schluchzen füllt die leeren Räume. Meine Kälteempfindlichkeit schlägt voll zu. Die Kälte tut weh.

Gott, hilf mir.

Sonst sterbe ich.

DIE LAST

Ich bin müde und kraftlos.

Nicht nur körperlich, sondern auch seelisch. Diese Krankheit liegt wie ein schweres Gewicht auf meinem Körper und meiner Psyche und zieht mich immer mehr runter. Ich habe seit neun Monaten Krebs, aber gestern war eindeutig der schlimmste Tag seit meiner Diagnose. Wieder erhöhte Tumormarker, ich konnte Rachel nicht erreichen und fühlte mich unendlich einsam und hilflos.

In Wirklichkeit gibt es nichts, aber auch gar nichts, was ich aktiv tun kann, um meine Genesung herbeizuführen. Es liegt nicht in meiner Hand. Und das betrifft so viele Bereiche in letzter Zeit. Leben im »Stand by«-Modus. Mein Leben entgleitet mir, im wahrsten Sinne des Wortes. Alles, was ich tun kann, ist Gott um Hilfe anzuflehen. Ihn zu bitten, dass er eingreift und dass er mir bei der Chemo beisteht, die sich so verheerend auf meinen Körper auswirkt.

Die Angst und Verzweiflung, die ich gestern spürte, ließ mein *Gott, hilf mir* umso dringlicher werden.

Es ist eine Sache, an Gottes Eingreifen zu glauben, wenn alles gut läuft und die Tumormarker sinken, aber eine ganz andere, wenn sie mit solcher Regelmäßigkeit in die Höhe klettern. Das ist die Zeit, wenn der Glaube wirklich zum Tragen kommt. Die Bibel definiert Glaube als Vertrauen darauf, dass das, worauf wir hoffen, Wirklichkeit wird. Als Vertrauen in das, was wir noch nicht sehen. Beides trifft auch auf meine Genesung zu – auf die ich sehr hoffe, obwohl sie alles andere als sichtbar ist, jedenfalls nicht für das menschliche Auge.

Dabei wäre es so einfach, stinksauer auf Gott zu sein, und zwar aus verschiedenen Gründen. Zunächst mal, dass ich überhaupt Krebs habe. Aber Gott hat mich nicht mit Krankheit »geschlagen«. Auch wenn ich mich wiederhole: So ist Gott nicht. Rachsucht und drastische Vergeltungsmaßnahmen liegen ihm fern. Sie entsprechen nicht seinem Wesen, denn »Gott ist die Liebe« (1. Johannes 4,8). Daraus lässt sich auch schließen, was er *nicht* ist. Ganz bestimmt nicht jemand, der umgeht und guckt, wem er eine tödliche Krankheit überbraten kann.

Aber warum habe ich dann überhaupt Krebs? Ich bin nicht genetisch vorbelastet, lebe ziemlich gesund (obwohl Rachel wahrscheinlich sagen würde, dass ich mich viel zu wenig bewege), trinke nicht und nehme keine Drogen (und habe auch nie welche genommen). Alles in allem also ein ziemlich gemäßigter Lebensstil.

Warum also Krebs?

Ich habe keine Ahnung.

Und ich wünschte, ich bräuchte mich nicht damit zu befassen.

Ich wünschte, ich könnte das Wort »Onkologie« aus meinem Wortschatz streichen.

Ich wünschte, ich wüsste nicht, was ein CEA-Wert ist.

Ich wünschte, ich müsste mir nicht bei jedem noch so kleinen Zwicken und Ziehen in meinem Körper Gedanken machen, was es zu bedeuten hat.

Und ich wünschte, Cody bräuchte sich nicht über den Schmerz mit mir zu identifizieren (»Papa, ich habe Bauchweh wie du!«). Selbst wenn er kein Bauchweh hat. Es rührt mich, dass er wie Daddy sein will, aber es tut mir weh, dass er dafür Krebssymptome nachahmen muss. Der arme kleine Kerl. Ich bin dankbar, dass er noch nicht versteht, was mit mir los ist. Eines Tages werde ich ihm in Ruhe alles erklären. Ich werde ihm sagen, dass Daddy damals große Angst hatte davor, dass er ihn verlassen muss und nie wieder zurückkommen kann. Und dass Daddy alles dafür getan hat, damit er dableiben kann. Ich werde ihm die Fotos zeigen, die Arztberichte, die CT- und Röntgenbilder und die Narben, damit er begreift, wie sehr ich dafür gekämpft habe, dass ich bei ihm bleiben und für ihn da sein kann. Damit er versteht, wie lieb ich ihn habe, dass ich all das auf mich genommen habe.

Und er wird begreifen, dass Gott seinen Daddy auf wunderbare Weise gerettet hat.

Eines Tages.

Aber bis es so weit ist, setze ich weiter einen Fuß vor den anderen. Tag für Tag, manchmal Minute für Minute. Immer weiter, Schritt für Schritt.

Paulus schreibt in seinem Brief an die Korinther:

> *… Es ist, als ob ein Engel des Satans mich mit Fäusten schlägt, damit ich nicht überheblich werde. Dreimal schon habe ich Gott angefleht, mich davon zu befreien. Aber er hat zu mir gesagt: »Meine Gnade ist alles, was du brauchst! Denn gerade wenn du schwach bist, wirkt meine Kraft ganz besonders an dir.«*
>
> 2. Korinther 12,7–10

Deshalb: Je schwächer ich bin, desto stärker werde ich.

Das ist das Paradoxe, das scheinbar Widersprüchliche an Gott. Meine Schwachheit schafft Raum für seine Stärke. In Zeiten wie diesen, voller Leid, Angst und Unsicherheit, wenn alle meine Kraftreserven aufgebraucht sind, kommt Gott und erinnert mich daran, dass ich wirklich nichts tun kann. Aber er schenkt mir *seine* Kraft, und sie ist mehr als genug, um diese Last zu tragen.

Ob ich das verstehe?

Natürlich nicht.

Ob ich das glaube?

Mit jeder Faser meines Herzens. Und daran werde ich mich festhalten bis zum letzten Atemzug.

DIE ODYSSEE

Ich habe es den ganzen Tag vor mir hergeschoben. Ich hätte in der Onkologie anrufen sollen, um das Ergebnis meiner letzten Blutuntersuchung zu erfragen, aber, ehrlich gesagt, ich hatte Angst davor (nachdem die Krebsmarker in den letzten Wochen ständig gestiegen waren.) Natürlich weiß ich, dass Aufschieben nichts bringt. Die Ergebnisse sind, wie sie sind, und werden sich nicht ändern, wenn ich den Anruf hinauszögere. Trotzdem. Ich will ganz einfach Zeit schinden. Schließlich geht es hier, wie gesagt, um Leben und Tod. Um *mein* Leben und *meinen* Tod.

Ich habe fast den ganzen Tag geschlafen (und fast das ganze Wochenende), doch dann, am Nachmittag so gegen vier, beschloss ich, dass jetzt Schluss mit dem Aufschieben war, und griff zum Telefon.

Die Schwester am anderen Ende der Leitung sagte, sie wollte mich gerade anrufen und mir die Blutwerte mitteilen. Für den Bruchteil einer Sekunde wusste ich nicht, ob sie gute oder schlechte Nachrichten hatte. Nach zehn Monaten Chemo behaupte ich, dass ich die Schwestern ziemlich gut kenne. Trotzdem ist es manchmal nicht leicht, ihre Stimmlage zu interpretieren, vor allem, wenn sie im Stress sind. Die Verabreichung zytotoxischer Medikamente erfordert sehr viel Umsicht, Kontrolle und Papierkram. Das Pflegepersonal muss Ausweisnummern und Versicherungsnummern vergleichen, Informationen wie Name, Geburtsdatum, Nadelgröße, usw. überprüfen und steht unter enormem Druck. So fällt es mir manchmal schwer, an der Tonlage abzulesen, wie die Prognosen sind.

Zum Glück schob sie den Satz nach: »Da werden Sie sich aber freuen.«

Erleichterung.

Ich warte auf die Zahlen.

Und erfahre, dass meine Tumormarker seit voriger Woche um zehn Prozent rückläufig sind, und das ohne eine weitere Infusion in der Zwischenzeit.

Das ist wirklich eine gute Nachricht. Es bedeutet, dass die Medikamente anschlagen und den Krebs in die Knie zwingen. Es sind allerdings die Hammer-Medikamente – die auch mich in die Knie zwingen. Die mich schlapp und müde machen, bis ich nur noch eine leere Hülle bin, ein Schatten meiner Selbst. Von denen mir so schlecht wird, dass mich bei der kleinsten Bewegung der Brechreiz überkommt. Die Medikamente, die mich so kälteempfindlich machen. Die mich von Jekyll in Hyde verwandeln. Aber Hauptsache, sie wirken.

Also – nicht klagen, sondern dankbar sein. Obwohl ich körperlich und seelisch völlig ausgelaugt bin, weiß ich, dass ich unendlich viel Grund zur Dankbarkeit habe.

Das ist es ja gerade. In dem ganzen Müll, den der Krebs mit sich bringt, und bei all dem Schaden, den er in meinem Körper, meinem Geist und in meiner Seele anrichtet, lässt sich immer noch etwas Gutes am Wegrand finden.

Ein Freund von mir hat vor Kurzem gesagt, was ich gerade erlebe, sei kein »Leidensweg« und keine »Erfahrung«, sondern eine »Odyssee«.

Das *Macmillan Dictionary* definiert »Odyssee« als »eine lange Reise, auf der viele Abenteuer zu bestehen sind« und »eine Entwicklung mit Hindernissen, etwa von einer Lebensphase oder einer Überzeugung zur nächsten«.

Mein Freund hat recht. Dieser Weg ist eine lange Irrfahrt. Keine einfache Reise von A nach B, sondern zweifellos das Schwerste, was ich in meinen 35 Jahren auf der Erde durchgemacht habe. Auch wenn ich noch jung und stark bin. Und ich sehne mich nach dem Tag, an dem diese Irrfahrt vorüber ist.

Nach dem Ende meiner Odyssee.

Nach dem Tag, an dem der Arzt mich ungläubig anschaut und sagt, es ließen sich keine Anzeichen der Krankheit mehr nachweisen.

Nach dem Tag, an dem meine Augen sehen, was ich schon jetzt mit dem Herzen sehen kann.

Zum Glück gibt es jemanden, der diesen Weg schon vor mir gegangen ist – jemand, dem Krankheit und Schmerzen nicht fremd waren (siehe Jesaja 53,3).

Ich sehe nicht, was vor mir liegt, obwohl ich angestrengt nach irgendeinem Zeichen Ausschau halte. Also schaue ich nach unten und richte meinen Blick auf Seine Spuren, denn Er geht vor mir her.

Der Pfad ist steil und steinig, doch es ist der Weg, der zu dem Einen führt, den ich suche. Diesen Weg muss ich weitergehen.

Ich folge dem Mann mit den Nagelmalen in seiner Hand. Auf seinem Weg will ich bleiben.

David Meece: »The Man With the Nail Scars«

GOTTES VERSPRECHEN – TEIL 1

Chemotherapie, die vierzehnte.

Das Haus ist leer. Rachel ist mit den Jungs auf einem Kindergeburtstag, was Segen und Fluch zugleich ist.

Ein Segen, weil es still im Haus ist. Ich kann mich ausruhen und die Übelkeitsanfälle und anderen unangenehmen Begleiterscheinungen vorübergehen lassen.

Ein Fluch, weil ich Rachel und die Kinder so sehr liebe und sie gern um mich habe.

Ich schaue den Jungs gern zu, wenn sie mit ihren Spielsachen durchs Haus ziehen, wenn sie fernsehen, Trampolin springen oder mit Daisy, unserem Kätzchen, spielen.

Cody ist immer der »Boss«, und sein jüngerer Bruder Jakob versucht alles nachzuahmen, was der große Bruder tut. Die typische Geschwisterdynamik. Je älter die beiden werden, desto mehr treten ihre unterschiedlichen Persönlichkeiten zutage, was ich immer wieder faszinierend finde.

Nächste Woche gönne ich mir eine Auszeit. Eine Chemotherapie ist so gut wie jedes andere Alibi, um ein paar Tage blauzumachen.

Seit einiger Zeit leide ich zunehmend unter dem Arbeitsdruck und versuche, kürzerzutreten, da ich merke, dass mir der Stress nicht guttut. Mein Realitätsempfinden ist gestört, ich verliere oft die Beherrschung, bin zerstreut, vergesslich… alles häuft sich, und es wird schwieriger, auf der »Jekyll-Seite« zu bleiben. Ich sehe mich immer öfter als Mr Hyde, und das Gefühl, die Kontrolle über mich zu verlieren, macht mir Angst. Deshalb – auch wenn es mir schwerfiel – habe ich den weisen Rat eines Freundes befolgt und mich zu einer Psychotherapie durchgerungen. Ich muss etwas für meine psychische Gesundheit tun, denn sie ist genauso wichtig wie die körperliche.

Körperlich fühle ich mich schwach und ständig am Rand der Erschöpfung.

Ich hänge vor dem Fernseher und zappe mich mal wieder durch die Programme, um die Zeit totzuschlagen, als ich plötzlich eine bekannte Stimme höre. Es ist Peter Furler, noch bekannt »von früher« als Leadsänger der christlichen Rockband *Newsboys*. Normalerweise versuche ich, den christlichen Sender zu vermeiden, da ich das Niveau in vielen Bereichen ziemlich dürftig finde, doch Peters Stimme lässt mich aufhorchen. Sie klingt nicht gekünstelt oder papageienhaft, und er liest einen Bibeltext, während die Band im Hintergrund spielt. Man merkt, dass er auch glaubt, was er liest, und die Kraft und Schönheit des Textes dringen zu mir durch. Gottes Wort zerreißt den Schleier meines umnebelten Chemo-Hirns und fällt direkt in mein Herz.

Fürchte dich nicht, denn ich bin bei dir;
hab keine Angst, denn ich bin dein Gott!
Ich mache dich stark, ich helfe dir,
mit meiner siegreichen Hand beschütze ich dich!

Alle, die voller Wut gegen dich toben,
werden am Ende in Schimpf und Schande dastehen.
Die Männer, die dich bekämpfen,
werden zugrunde gehen. Niemand redet dann mehr von ihnen.

Vergeblich wirst du dich umsehen nach denen, die Krieg mit dir führten
– du wirst sie nicht mehr finden.
Wo sind sie geblieben, deine Feinde?
Sie sind verschwunden, als ob es sie nie gegeben hätte.

Denn ich bin der Herr, dein Gott.
Ich nehme dich an deiner rechten Hand
und sage: Hab keine Angst!
Ich helfe dir.

Jesaja 41,10–13

Plötzlich ist der ganze Raum von Frieden erfüllt, Tränen laufen mir übers Gesicht, Tränen der Dankbarkeit. Mein Gott ist bei mir, er hat versprochen, mir zu helfen. Mein Gott kämpft für mich, denn er ist größer und mächtiger als der Krebs oder meine Angst. Der mächtige Gott, der das Universum schuf – durch sein Wort.

Sein Wort ist wahr und gilt damals wie heute. Wenn Gott etwas verspricht, dann wird er es auch halten.

GOTTES VERSPRECHEN – TEIL 2

Habe soeben meine neuen Blutwerte erfahren. Sie sind nicht gut. Sie sind zwar auch nicht besonders schlecht, soweit ich das beurteilen kann. Ich spreche immer noch auf die Behandlung an, und das ist positiv. Nur nicht mehr so gut wie früher. Ich habe noch nicht mit dem Onkologen gesprochen, deshalb kann ich es euch nicht erklären. Ich verstehe es ja selbst nicht. Der eine Krebsmarker ist um zwei Prozent gesunken, der andere um 40 Prozent gestiegen. Vielleicht ist das ja normal, da auch die Zusammensetzung der Medikamente anders ist als vorher.

Dafür bekomme ich momentan von allen Seiten ganz viel Ermutigung. Rein menschlich gesehen, hätte ich wirklich Grund zu verzweifeln (und, glaubt mir, es fällt mir zunehmend schwer, meinen menschlichen Kleinglauben zu bekämpfen). Aber Gott hat überall seine »Wegweiser« für mich, damit ich in der Spur bleibe. Wenn ich Gefahr laufe, mich zu verrennen oder mich von den

Umständen blenden zu lassen, geht er voran und setzt seine eigenen »Marker«, damit ich nicht vom Weg abkomme.

Die richtigen Worte zur richtigen Zeit – das ist für mich kein bloßer Zufall. Im Gegenteil, das spricht von Gottes Timing, von seiner Kreativität und Schöpferkraft. Darin ist mein Gott ein Meister. Ihr braucht nur aus dem Fenster schauen und euch den Sonnenuntergang ansehen. Kein Maler würde das so meisterhaft hinkriegen.

Ein guter Freund von mir ist das, was man unter einem wahren Gentleman versteht: höflich, kultiviert, feinfühlig und mit echter Herzensbildung. Er half mir in seiner sensiblen, unaufdringlichen Art, über meinen Tellerrand der Angst, Einsamkeit und Unsicherheit hinauszublicken auf Christus, der als Mensch aus Fleisch und Blut in unsere Welt kam, unter dem Namen »Immanuel«.

> *Eine Jungfrau wird schwanger werden und einen Sohn bekommen. Den wird man Immanuel nennen. Das bedeutet: »Gott ist mit uns!«*
>
> Matthäus 1,23

Gott kam in die Welt, um »mit uns« zu sein, mitten in unserer Situation, damit wir wissen: Wir sind nie allein, auch wenn die Umstände noch so widrig sind.

An den meisten Tagen habe ich stechende Bauchschmerzen. Die Tumoren auf der Leber drücken gegen die Bauchdecke und gegen einen Nerv in der rechten Körperhälfte, wodurch der Schmerz bis in die rechte Schulter hoch zieht. Die ständigen Schmerzen erinnern mich daran, dass in meinem Körper eine zerstörerische Krankheit steckt, die mich meiner Familie entreißen will, aber auch daran, dass Gott selbst Mensch geworden ist und Schmerzen empfunden hat. Er weiß, was ich empfinde. Er kennt Schmerz und Verzweiflung, denn er hat sie am eigenen Leib erfahren. Er weiß, wie es ist, dem Tod ins Auge zu sehen, so wie ich (auch wenn es melodramatisch klingt).

Doch in seinem Namen *Immanuel* liegt das Versprechen, dass er immer bei mir sein wird.

Ein Versprechen, das ich mir immer wieder neu in Erinnerung rufen will.

AUS RACHELS SICHT

Ich denke gern an unsere Hochzeit zurück, es war ein wunderschöner Tag. Trotz der denkwürdigen Uhrzeit fingen wir dann doch nicht ganz pünktlich an, da eine Freundin mit einer Wagenladung Neuseeländer zu spät kam, weil sie sich verfahren hatte, und wir auf sie warten wollten. Dafür war es dann schon ein bisschen dunkler, und die Kerzen in der Kirche kamen noch besser zur Geltung. Die Feier war richtig toll, genau wie wir sie uns vorgestellt hatten. Wir sind keine großen Tänzer, das heißt, es gab keine Tanzfläche und keinen DJ. Wir wünschten uns einfach ein schönes Fest mit netten Gästen, gutem Essen und guter Stimmung, und das war es auch. Wir waren sehr glücklich – so glücklich, wie es an einem Hochzeitstag sein soll. Vom Ablauf her klappte alles reibungslos, weil Kristian den größten Teil der Planung übernommen hatte; er machte so was gern, und mir war es recht.

Kristian war ein Organisationstalent mit Sinn für das Ungewöhnliche. Sein Heiratsantrag dagegen war ziemlich »normal«. Ich hatte diverse Geschichten gehört von Heiratsanträgen an den abenteuerlichsten Orten, und manchmal denke ich, Kristian war vielleicht etwas enttäuscht, dass ihm nichts Spektakuläres eingefallen war. Ich weiß noch, wie er sagte: »War das kreativ genug?«

Ich wusste, dass er mir an dem Tag einen Antrag machen würde. Trotzdem ist es ihm gelungen, mich zu überraschen. Wir waren beim Juwelier gewesen und hatten unsere Ringe ausgesucht, und wir hatten schon beschlossen, dass wir gern in der Abenddäm-

Kurz nach der Bekanntgabe unserer Verlobung.

merung heiraten würden. Eines Abends fuhren wir in die Stadt, auf der Suche nach einer geeigneten Kulisse für unsere Hochzeitsfotos. Ich glaube, Kristian wollte ursprünglich auf den Stufen des Opernhauses um meine Hand anhalten, doch wir gingen ein Stück spazieren und standen plötzlich an einem Aussichtspunkt mit atemberaubendem Blick über die Bucht und die berühmte Hafenbrücke. Und dort zog er plötzlich den Ring aus der Tasche. Er machte keinen klassischen Kniefall, was mir lieber war, denn ich bin nicht so fürs Theatralische. Ich bin auch heilfroh, dass er nicht im Restaurant um meine Hand angehalten hat, das ist auch nicht so mein Ding. Sein Heiratsantrag war nicht besonders extravagant, aber es war ein sehr schöner Moment.

Nachdem Kristian mit seiner Chemotherapie begonnen hatte, musste ich aus verschiedenen Gründen nach Neuseeland. Auch weil ich eine Pause brauchte, und Kristian wusste das. Er wusste, dass ich zwischendurch einfach mal nach Hause musste, um meine Batterien wieder aufzuladen. Trotzdem fiel es ihm nicht leicht. Beim ersten Mal, als die Kids und ich ohne ihn verreisten, dachte ich, er sei bestimmt ganz froh, wenn wir eine Zeit lang nicht da waren und er seine Ruhe hatte. Aber er hat uns schrecklich vermisst, obwohl wir uns täglich über Skype ausgetauscht und mehrmals am Tag telefoniert haben.

Und ich fühlte mich immer ein bisschen schuldig, weil ich ihn einerseits vermisste, andererseits auch wieder nicht. Ich brauchte einfach hin und wieder eine Pause vom Alltag. Eine Auszeit, um aufzutanken und mich zu erholen, und die Jungs freuten sich immer auf die Besuche bei Oma und Opa und hatten viel Spaß mit ihren Cousins. Ich denke, sie brauchten diese unbeschwerten Zeiten genauso wie ich. Danach war es auch gut, wieder nach Hause zu kommen. Dann hatte ich wieder neue Energie, um weiterzumachen.

4

Überraschungen

TAGE, DIE ZÄHLEN

Heute ist Rachels Geburtstag.

Sie ist mit den Jungs in der Kirche, und ich bleibe zu Hause – unter dem Vorwand, mich um den Haushalt zu kümmern, und weil es erst eine Woche her ist seit der letzten Chemo und ich mit einer Erkältung kämpfe (hust, hust) und mich nicht besonders wohlfühle (hust, hust).

In Wirklichkeit befinde ich mich seit vier Wochen in einem Planungsmarathon, um für Rachel eine Überraschungsparty zu organisieren und noch ein paar andere Kleinigkeiten. Rachel ist sehr extrovertiert und kontaktfreudig (im Gegensatz zu mir) und hat einen großen Freundeskreis. Viele von ihren Freunden wohnen in Neuseeland und damit leider zu weit weg für eine spontane Party. Aber es kamen immerhin 25 Personen zusammen (Erwachsene und Kinder), die in drei Stunden unser Haus und unseren Garten bevölkern werden. Sie weiß nur noch nichts davon. Weitere Überraschungen sind: eine Hüpfburg für die Kinder und für die Erwachsenen ein erlesenes Büfett vom Catering-Service (inklusive Servierpersonal) sowie eine Auswahl bester Importbiere (keine Sorge, ich werde mich nicht betrinken) und erstklassiger neuseeländischer Weine, um auf das Geburtstagskind anzustoßen.

Muss jetzt Schluss machen, um die letzten Vorbereitungen zu treffen. Ihr könnt euch so lange schon mal das Video anschauen, das ich für Rachel zum Geburtstag zusammengeschnitten habe.

Als Überraschung für euch Kiwis aus Neuseeland: Ihr dürft euch auf einen besonderen Ehrengast freuen – und auf jemanden, der sich »Wolverine« nennt.

Rachels Geburtstagsvideo.

TSUNAMI

Die letzte Woche lässt sich mit nichts vergleichen, was ich bisher erlebt habe.

Rachels Geburtstagsvideo hat eine Flut, ja einen regelrechten Tsunami von lieben Worten und Kommentaren ausgelöst, von wildfremden Menschen aus aller Welt. Manche von euch sprechen eine fremde Sprache (zum Glück gibt es online Übersetzungshilfen).

Aber ihr habt euch die Zeit genommen, einen Kommentar oder eine Mail zu schreiben, und, ehrlich gesagt, eure Worte haben mich zu Tränen gerührt. So viel Liebe und Anteilnahme von völlig fremden Menschen.

Eigentlich hatte ich das Video nur ins Netz gestellt, damit unsere Freunde oder Verwandte aus Übersee es sich anschauen können. Viele von ihnen wohnen so weit weg, und ich wollte ihnen die Chance geben, auf diese Weise wenigstens etwas an Rachels Geburtstagsfreude teilzuhaben. Und dann zieht das Ganze solche Kreise. Verrückt, so was. Ja, die Welt ist klein.

Ich kann nicht sagen, wie dankbar ich euch allen für eure moralische Unterstützung bin. Mir fehlen die Worte.

Eure Mut machenden Kommentare haben mir gutgetan. Und

ich werde sie auch weiterhin gut gebrauchen können. Es sieht so aus, als ob alles erst noch schlimmer wird, bevor es endlich besser wird. Tut mir leid.

Bittet betet weiter für mich. Und natürlich auch für Rachel und die Jungs. Wir werden noch ganz viel Kraft brauchen in den kommenden Monaten.

ICH WÜNSCHE MIR …

Gestern musste ich noch mal ins Krankenhaus zum CT. Das letzte Mal wurde ich vor fünf Monaten in die Röhre geschoben, und der Arzt meinte, die Aufnahmen seien nicht mehr aktuell. Ich habe noch kein Ergebnis, aber die CT–Scans hatten damals deutlich gezeigt, dass eine Leberoperation bei mir nicht möglich war, wegen der besonderen Position der Tumoren (irgendwas von wegen »bilateralen Metastasen«).

Hinzu kommt, dass meine CEA- und CA-Marker beim letzten Bluttest um 50 Prozent gestiegen sind (der CEA ist jetzt bei 1500 und der CA bei 75). Jeder, der sich mit diesen Zahlen auskennt, weiß, dass die Werte sehr hoch sind und dass das kein gutes Zeichen ist. Sie sind nicht unbedingt ein Anzeichen dafür, dass der Krebs besonders aggressiv ist, aber sie zeigen eine deutliche Tumoraktivität, das heißt, die Krebszellen teilen sich und vermehren sich. Ich denke, das Gute daran ist, dass alle Tests – erstaunlicherweise – eine gesunde, normale Leberfunktion zeigen. Und darüber bin ich froh, sehr froh.

Als ich aus der Klinik nach Hause kam, war ich fix und fertig. Körperlich: Ich war total erschöpft und kämpfte gegen Übelkeit. Psychisch: Ich fühlte mich innerlich leer, ängstlich und unsicher.

Ich wünsche mir so sehr, dass ich endlich ein Licht am Ende des Tunnels sehe.

Ich will mein Leben zurückhaben.

Der Krebs hat uns im vergangenen Jahr so vieles genommen. Ich will es wiederhaben. Alles.

Bitte, Gott.

Wenn es dein Wille ist, wenn es einen Ausweg gibt,
Dann lass die Flüsse anschwellen
Und lass die Hügel singen.
Lass dein Mitleid sich ergießen
Über all die brennenden Herzen in der Hölle.

Wenn es dein Wille ist, dann mach uns heil,
Dann nimm uns bei dir auf und binde uns fest an dich,
All deine Kinder hier, gekleidet in Fetzen aus Licht,
Sind wir in unseren besten Gewändern.
Und lass die Nacht enden … wenn es dein Wille ist.

Leonhard Cohen: »If It Be Your Will«

Ich wünsche mir einen Körper, der frei von Krankheit ist.

Ich wünsche mir, dass Rachel und ich die Chance haben, noch ein Kind zu bekommen.

Ich wünsche mir, dass ich meine Jungs trösten kann, wenn ihnen das erste Mal ein Mädchen das Herz bricht.

Ich wünsche mir, dass ich sie zu einem U2-Konzert mitnehmen kann.

Ich wünsche mir, dass ich lange genug lebe, um meine Söhne zu Männern heranwachsen zu sehen, und ihnen zu sagen, wie stolz ich auf sie bin.

Ich wünsche mir, dass ich mit Rachel alt werden darf, dass ich ihre Hand halten, ihr den Arm anbieten und sie stützen kann. Dass ich ihr sagen kann, dass sie immer noch schön ist, wenn die Lachfalten eines langen Lebens ihr Gesicht schmücken.

Ich wünsche mir, dass ich verstehen könnte, warum ich Krebs habe.

Ich wünsche mir so vieles, aber am allermeisten wünsche ich mir, dass ich leben darf.

VERTRAUEN

Fühle mich nicht besonders gut.

Mit der Chemo befinde ich mich jetzt in der sechzehnten Runde, und es ist ziemlich furchtbar.

Die Infusionen bekam ich in den vergangenen Monaten im Drei-Wochen-Zyklus, dazwischen zwei Wochen lang Xeloda-Tabletten. Da meine CEA- und CA-Marker immer noch steigen, wurde beschlossen, Xeloda abzusetzen und stattdessen wieder mit 5-FU-Infusionen weiterzumachen. Was an sich gut ist, und ich habe es so gewollt. Das Problem dabei ist nur, dass die Woche dazwischen fehlt, die mein Körper brauchte, um sich von dem Xeloda zu erholen. Stattdessen wurde er gleich danach mit einer hohen Dosis 5-FU beschossen, und gestern und heute habe ich so starke Schmerzen in Händen und Füßen wie noch nie. Ich schlurfe wie ein alter Mann durch die Gegend, ich kann nichts greifen und meine Hände und Füße brennen wie Feuer und sind dunkelrot, fast violett. Ich kann sie aber nicht kühlen, da ich immer noch Oxaliplatin kriege, das so verdammt kälteempfindlich macht. Wann immer ich mit etwas Kaltem in Berührung komme, fühlt es sich an wie Nadelstiche. Ich kann also nichts tun, um das Brennen zu lindern. Ich muss es einfach aushalten.

Aber das ist noch nicht alles. Mein CA 19-9 Wert liegt wieder bei 87,9, das heißt, er ist fast genauso hoch wie vor einem knappen Jahr (88), als ich mit der Chemotherapie begann. Das heißt, ich bin völlig umsonst fast zwölf Monate lang durch die Hölle gegangen und fange jetzt wieder von vorn an. Am liebsten würde ich alles hinschmeißen.

Die vergangenen 48 Stunden waren also ziemlich heftig.

Aber …

Jakob ist letzte Woche zwei geworden, und ich war daheim und konnte seinen Geburtstag miterleben.

Es war so schön, zu sehen, wie sein kleines Gesicht strahlte, als er seine Geschenke auspackte. Er lernt gerade Sprechen und kommuniziert durch Lautäußerungen, die wie Wörter klingen, aber noch keine richtigen Wörter sind. Ich freue mich auf die Zeit, wenn er in ganzen Sätzen sprechen wird und wir uns richtig unterhalten können. Gleichzeitig wünsche ich mir, dass er noch lange unverständlich vor sich hinbrabbeln wird, denn ich höre sein Geplapper so gern.

Cody und Jakob sind ganz unterschiedliche Persönlichkeiten. Cody ist der geborene Anführer. Wo immer er ist, hat er eine Traube Kinder im Schlepptau wie der Rattenfänger von Hameln, die das tun, was er ihnen sagt. Jakob dagegen ist unser kleiner Clown. Wenn er eine positive Reaktion auf seine Späße kriegt, macht er so lange weiter, bis keiner mehr lacht. Oder bis es ihm selbst langweilig wird. Und ich gebe zu, es fällt schwer, seinem schelmischen Grinsen zu widerstehen.

Ich liebe die beiden so sehr.

Wenn ich aus der Klinik oder von der Arbeit heimkomme, rennen mir Cody und Jakob schon im Flur entgegen, um mich zu begrüßen. Ein Moment, auf den ich mich jedes Mal schon freue, wenn ich aus dem Haus gehe. Besonders, wenn ich ins Krankenhaus zur Chemo muss. Jakobs Taktik hat sich in den letzten paar Monaten verfeinert: Er rennt zuerst in vollem Tempo auf mich zu und springt zum Schluss in die Luft und lässt sich auffangen.

Er hat bestimmt noch nie daran gedacht, dass ich ihn *nicht* fangen könnte. Er vertraut mir grenzenlos.

Genauso geht es mir zurzeit. Ich laufe so schnell ich kann und werfe mich meinem himmlischen Vater in die Arme.

Im Vertrauen darauf, dass er mich nicht fallen lässt.

Im Vertrauen darauf, dass er mich – trotz der erhöhten Krebsmarker in meinem Körper – genau im Blick hat und weiß (und versteht), wie es mir geht.

Im Vertrauen darauf, dass er ein Gott ist, der Heilung schenkt. Ein Gott, der voller Mitleid und Barmherzigkeit ist.

Ein Gott, der auch in diesem scheinbar endlosen, dunklen Tal immer an meiner Seite ist.

WÄRE NICHT DIE LIEBE

Heute ist der Tag, an dem vor einem Jahr unsere Welt zusammenbrach: der Tag der Diagnose.

Genau ein Jahr später, und ich bin unterwegs zum Krankenhaus zu meiner siebzehnten Chemotherapie. Die Ironie des Schicksals könnte kaum größer sein.

Ich weiß nicht, ob ich mich freuen soll, dass ich nach einem Jahr noch lebe, oder ob ich frustriert sein soll, dass ich schon so lange krank bin und sich trotz der Therapie noch kein durchschlagender Erfolg abzeichnet.

Wäre unser Leben ganz normal weitergegangen, würde wahrscheinlich jetzt unser drittes Kind geboren, aber das Thema ist erst mal für unabsehbare Zeit vom Tisch. Ich weiß, wie sehr Rachel darunter leidet, obwohl sie ein tapferes Gesicht aufsetzt.

So vieles wurde uns genommen.

Alles nur wegen mir, wegen *meiner* Krankheit.

Unsere Pläne haben sich in alle Winde zerstreut, als hätte man einen Stapel Papier aus dem Fenster geworfen. Unsere Zukunft ist so greifbar wie eine Mücke, die nachts im Zimmer herumsummt.

Alles wegen mir.

Gott, steh uns bei. Bewahre unsere Familie. Gibt uns zurück, was uns gestohlen wurde, und entschädige uns für alle Entbehrungen.

Ich weiß, dein Arm ist nicht zu kurz. Du hast die Macht, diesem Wahnsinn ein Ende zu bereiten.

Ich weiß, dass du es kannst.

Denn in allem, was ich durchmache – die brennende Haut, die Übelkeit, das Erbrechen, die Erschöpfung, das Nasenbluten, die Geschwüre, die Kälteempfindlichkeit, die Stimmungsschwankungen, die steigenden Blutwerte – höre ich die leise Stimme des Heiligen Geistes, der mich führt und mich sanft, aber bestimmt zum Weitergehen drängt.

Wenn jemand dir die Zukunft stiehlt, und du am Boden liegst,
Wenn der Sommer wie ein Winter scheint, dein Herz kalt und schwer,
Wenn deine Hoffnung sich im Nichts auflöst,
Und du schutzlos bist bis auf die Haut.
Sei stark im Glauben, deine Narben sind deine Stärke.

Komm, mein Freund, und leg dein müdes Haupt nieder,
Komm, sei stark, mit meinem Schwert auf deiner Schulter
Komm, mein treuer Freund, und sei getrost
hier kannst du Ruhe finden.
Komm, steh auf,
denn ich bin bei dir.

Delirious?: »When All Around Has Fallen«

Wäre nicht Gottes Liebe, die so groß ist, dass er Sein Leben für mich gab und an meiner Stelle gestorben ist, wie sollte ich es jemals schaffen? Ich weiß, dass ich geborgen bin im Schutz seiner Flügel – den größten, mächtigsten Flügeln, die es je gab. Wenn ich mit meinen inneren Augen auf Jesus schaue, fühle ich mich sicher und behütet. Ich weiß, dass Gott mich beschützen wird, obwohl ich noch nicht klar erkenne, wie, wann und in welcher Form.

Im 91. Psalm verspricht Gott:

Wer unter dem Schutz des Höchsten wohnt, der kann bei ihm, dem Allmächtigen, Ruhe finden.
Auch ich sage zu Gott, dem Herrn: »Bei dir finde ich Zuflucht, du schützt mich wie eine Burg! Mein Gott, dir vertraue ich!«
Er bewahrt dich vor versteckten Gefahren und vor tödlicher Krankheit.
Er wird dich behüten wie eine Henne, die ihre Küken unter die Flügel nimmt. Seine Treue schützt dich wie ein starker Schild.
Du brauchst keine Angst zu haben vor den Gefahren der Nacht oder den heimtückischen Angriffen bei Tag.
Selbst vor der Pest, die im Dunkeln zuschlägt, oder dem tödlichen Fieber, das am hellen Tag die Menschen befällt, fürchtest du dich nicht.
Wenn tausend neben dir tot umfallen, ja, wenn zehntausend in deiner Nähe sterben – dich selbst trifft es nicht!
…
Du aber darfst sagen: »Beim Herrn bin ich geborgen!« Ja, bei Gott, dem Höchsten, hast du Heimat gefunden.
Darum wird dir nichts Böses zustoßen, kein Unglück wird dein Haus erreichen.
Denn Gott hat seine Engel ausgesandt, damit sie dich schützen, wohin du auch gehst.
Sie werden dich auf Händen tragen, und du wirst dich nicht einmal an einem Stein verletzen!

Psalm 91,1–12

Wie gesagt, ich weiß nicht, wie oder wann das eintreten wird, aber ich weiß ganz sicher: Es wird geschehen.

Ihr werdet schon sehen!

SIRT – TEIL 1

Morgen früh um 7:30 Uhr muss ich im St. Vincent Hospital sein, zum Abklären, ob ich für eine Behandlung namens SIRT infrage komme. SIRT steht für »Selektive Interne Radio-Therapie«.

Eine sehr gezielte, intensive Therapie. Dabei werden Tausende von winzigen radioaktiven Partikeln direkt in meine Leber eingeleitet, um die Tumoren zur Strecke zu bringen. Eine Methode, die in der Regel sehr erfolgreich ist, aber extrem aggressiv, das heißt, ich werde danach etwa vier Wochen lang flachliegen und zu nichts zu gebrauchen sein.

Hatte bereits ein Vorgespräch mit dem Arzt, der die Behandlung durchführen wird. Morgen wird eine Angiografie gemacht, gefolgt von einer Computertomografie, bevor winzige, radioaktiv beladene Kügelchen (»Mikrosphären« oder »SIR-Sphären« genannt) über die Blutgefäße in die Lebertumoren eingebracht werden, wenn ich das richtig verstanden habe. Durch die Voruntersuchungen kann man sehen, welchen Weg das Blut und die Mikrokügelchen durch meine Leber nehmen werden.

In einer perfekten Welt wird es nicht passieren, dass strahlende Partikel durch die Leberarterie oder kleine Seitengefäße in andere Organe (z.B. den Magen oder die Lunge) abfließen – denn das könnte zu größeren Problemen führen.

Der Doc sagte, 85 Prozent der Patienten sprechen gut auf die Behandlung an, das heißt, nur 15 Prozent nicht. Medizinisch gesehen, stehen meine Chancen so gut wie nie zuvor.

Wenn ihr für mich beten wollt – jetzt wäre ein guter Zeitpunkt. Diese Prozedur ist mit Abstand die Behandlung, die mir am meisten Angst macht. Auch die Chemo ist schlimm; aber da weiß ich wenigstens, was mich erwartet. Doch diese Methode ist absolutes Neuland, und das macht mich leicht nervös.

Ich habe Angst vor Hautbrennen, Angst davor, dass die Behandlung bei mir nicht klappt, weil mein Körper irgendwelche Voraussetzungen nicht erfüllt, Angst vor den Nadeln, Kathetern und Kanülen, Angst vor den Einstichen, die noch stundenlang später ordentlich wehtun. Ich hasse Nadeln.

Ich werde dieses Foto mitnehmen. Wenn mich die Angst beschleicht, werde ich es anschauen.

Damit ich nicht vergesse, wofür und für wen ich das tue.

SIRT – TEIL 2

Heute war der »Testlauf« für SIRT.

Es war ziemlich furchtbar, aber es hat funktioniert. Mein Körper reagiert genauso, wie die Ärzte es wünschen, und so wurde nach endlosem Stochern nach Arterien, Injektionen von Kontrastmitteln und anderen Unannehmlichkeiten grünes Licht gegeben. Ich bin wieder zu Hause und habe noch etwas Schmerzen, aber sie sind erträglich. Hauptsache, die Behandlung kann durchgeführt werden.

Richtig los geht es dann am Mittwoch, dem 3. November.

Heute war die Angiografie dran (bei der ich sämtliche Blutgefäße sehen konnte, die meine Leber versorgen), dann der CT-Scan, und im Anschluss wurde ich in der nuklearmedizinischen Abteilung lang und breit mit der Gammakamera fotografiert. Alles teures Hightech-Equipment. Ich bin froh, dass es diese Technik gibt, sonst würde ich in die Röhre gucken, im übertragenen Sinn.

Wenn ich daran denke, was vor mir liegt, rutscht mir das Herz in die Hose. Das Einführen des Katheters in die Leiste war ziemlich unangenehm und entwürdigend. Der Peinlichkeitsfaktor wurde noch erhöht, als alle möglichen Leute in meiner Leistengegend herumhantierten und sich dabei über meine höchst privaten Körperteile beugen mussten. Kein besonders tolles Gefühl, wenn man hilflos und unbekleidet auf einem Tisch liegt. Aber egal. Wenn ich daran denke, dass diese Behandlung eine echte Chance ist, kann ich darüberstehen.

Als ich heute die ganzen Behandlungszimmer mit ihren hochspezialisierten Apparaten gesehen habe, wurde mir bewusst, wie komplex dieses Vorgehen ist, und ich habe große Achtung vor unserem Gesundheitswesen und Krankenhaussystem. Auch die Ärzte und Schwestern im St. Vincent's Hospital waren absolut professionell, freundlich und einfühlsam. Sie verdienen weit mehr

Anerkennung, als sie im Allgemeinen bekommen. David, ein Assistent bei der Angiografie, hatte selbst Prostatakrebs gehabt, und es tat gut, mit ihm zu sprechen, da er wusste, wie mir zumute war. Er schaffte es, mich im Lauf des Tages immer wieder zum Lachen zu bringen. Menschen wie David sind ein echter Segen.

Danach, auf der Aufwachstation, lernte ich Peter kennen. Er kam regelmäßig an mein Bett, um zu sehen, ob alles in Ordnung sei, und fragte, ob ich irgendetwas brauchte. Peter versorgte mich mit Essen und Trinken und hielt mir den Becher an die Lippen, da ich mich nicht aufsetzen und drei Stunden überhaupt nicht bewegen durfte. Genauso aufmerksam und liebevoll kümmerte er sich um die anderen Patienten. Später erfuhr ich, dass er das ehrenamtlich macht – er verdient nicht einen Cent dabei. Ich finde, von Leuten wie Peter können wir uns alle eine Scheibe abschneiden. Und wenn ich die ganze Krebsgeschichte hinter mir habe, möchte ich mir an seinem selbstlosen Handeln ein Beispiel nehmen. Ein freundliches Wort oder das Halten eines Trinkbechers können sehr viel bedeuten für jemanden in einem Krankenhausbett, der Angst und Schmerzen hat.

Diese Radiotherapie ist sehr kostenintensiv und teurer, als wir gedacht hatten: 7000 anstatt 5000 Dollar. Die Behandlung selbst wird von der staatlichen Krankenversicherung Medicare getragen, nicht jedoch die Kosten für den Wirkstoff. Aber dank großzügiger Spenden von Toningenieuren und Musikern aus ganz Australien ist die Summe, die wir als Familie beisteuern müssen, nicht mehr allzu groß. Innerhalb einer Woche sind etwas über 5000 Dollar zusammengekommen – und 95 Prozent der Spender kenne ich noch nicht mal persönlich! Diese Hilfsbereitschaft hat mich sehr berührt, und ich staune immer wieder über Gottes Timing. Ein paar Tage davor hatte ich noch gebetet, dass Er uns bitte zeigen möge, woher wir das Geld für die Behandlung nehmen sollen. Die Spender konnten das nicht wissen, aber Gott hat ihre Herzen bewegt.

In Philipper 4,19 steht:

Aus seinem Reichtum wird euch Gott, dem ich gehöre, durch Jesus Christus alles geben, was ihr zum Leben braucht.

Bisher habe ich immer wieder diese Erfahrung gemacht, und zwar nicht nur rein materiell, sondern auch im geistlichen Sinn. Heute, während ich das Lokalanästhetikum gespritzt bekam, war mir, als hörte ich Gottes Stimme. Er sprach zu mir wie ein Vater zu seinem Sohn. Er machte mir Mut und versicherte mir, dass jenseits der kalten Betonmauern der Radiologieabteilung seine Engel standen und Wache hielten. Und dass Er höchstpersönlich für mich kämpfen würde. Ich kann es zwar nicht mit eigenen Augen sehen, aber ich bin überzeugt, dass in der unsichtbaren Welt ein Kampf um mein Leben ausgetragen wird. Ein Kampf für mich und meine Familie, und jeder Einzelne ist wertvoll in den Augen des Vaters. Jeder Einzelne ist Ihm vertraut.

Ich habe Ihn angerufen, und Er hat geantwortet.

So wie Er es versprochen hat.

Ob ich im Krankenhaus liege und mich ängstlich frage, was der Tag bringen wird, Er sieht mich.

Ob ich im Wartezimmer sitze und mir auf dem Handy die Fotos von Rachel und meinen Kindern anschaue und mir dabei die Tränen kommen, Er sieht mich.

Und wenn sich der emotionale Druck eines Krankenhaustages aufstaut wie ein Haufen Gerümpel bei der Sperrmüllabfuhr, Er weiß Bescheid.

Denn niemand kennt und versteht mich besser als Er.

Ich sage nur: siehe Psalm 139:

Herr, du durchschaust mich, du kennst mich durch und durch. Ob ich sitze oder stehe – du weißt es, aus der Ferne erkennst du, was ich denke.

Ob ich gehe oder liege – du siehst mich, mein ganzes Leben ist dir vertraut.
Schon bevor ich rede, weißt du, was ich sagen will.
Von allen Seiten umgibst du mich und hältst deine schützende Hand über mich.
Dass du mich so genau kennst – unbegreiflich ist das, zu hoch, ein unergründliches Geheimnis!
Wie könnte ich mich dir entziehen; wohin könnte ich fliehen, ohne dass du mich siehst?
Stiege ich in den Himmel hinauf – du bist da! Wollte ich mich im Totenreich verbergen – auch dort bist du!
Eilte ich dorthin, wo die Sonne aufgeht, oder versteckte ich mich im äußersten Westen, wo sie untergeht,
dann würdest du auch dort mich führen und nicht mehr loslassen.

Psalm 139,1–10

Deshalb will ich weitergehen und einen wichtigen, lebensrettenden Schritt nach dem anderen tun. Ich weiß, dass die streitbarsten Krieger des Himmels über meinen Schritten wachen, und sie stehen direkt unter Gottes Kommando.

NUKLEARE WAFFEN

Heute geht es zur Sache. Heute fahren wir die nuklearen Geschütze auf.

Es ist kurz vor Sonnenaufgang, das Haus ist noch still, und ich bereite mich mental auf das vor, was auf mich zukommt.

Ich fühle mich kein bisschen heldenhaft.

Ich bin weder mutig noch tapfer.

Ich bin nur jemand, der tut, was getan werden muss.

Meine ganze Kraft, die ich heute habe, schöpfe ich aus der Gewissheit, dass Gott bei mir ist.

Die Ärzte haben die Strategie überprüft, den Schlachtplan bestätigt. Die nuklearen Waffen stehen bereit.

Man mag mich als einzelnen Mann über die Krankenhausflure laufen sehen, aber ich bin umringt von einer Armee von Engeln.

Meiner eigenen Armee aus der unsichtbaren Welt.

Zehntausende von mächtigen Kriegern, bis zu den Zähen bewaffnet und bereit, zuzuschlagen.

Gott selbst ist der Kommandant.

Jetzt geht es dir an den Kragen, Krebs.

Heute.

Darauf kannst du Gift nehmen.

SIRT – TEIL 3

Die Prozedur verlief reibungslos.

Perfekt, wie aus dem Lehrbuch.

Sie war längst nicht so unangenehm wie der Probelauf und dauerte weniger lange. Trotzdem, ein komisches Gefühl war es schon, als ich spürte, wie der Katheter in meinen Körper geschoben wurde.

Dass ich die Ärzte und Pfleger durch die Voruntersuchung schon kannte, machte es leichter für mich. Es war fast wie ein Wiedersehen mit alten Freunden. Alle begrüßten mich herzlich, und Dave machte seine Witze.

Das Schlimmste waren die 36 Stunden danach. Der Arzt hatte mich gewarnt, ich würde wahrscheinlich eine »unruhige Nacht« haben. Aber was dann kam, war von einer anderen Kategorie. Leider hatte man mir gegen die Schmerzen nur Panadeine Forte Tabletten gegeben, und deren Wirkung war bei meinem Schmerzlevel gleich null. Genauso gut hätten sie mir eine Tüte Gummibärchen mitgeben können. Ich notiere in Gedanken: *Beim nächsten Mal ein morphin- oder opiumhaltiges Schmerzmittel verlangen.*

Durch die radioaktive Substanz in meinem Körper »strahlte« ich eine ganze Woche lang so stark, dass ich nicht im selben Bett wie Rachel schlafen durfte und engen Kontakt mit Cody und Jakob vermeiden musste. Zum Glück hatten Tony und Brenda, unsere Nachbarn von gegenüber, ein Zimmer für mich frei.

Jetzt erhole ich mich von der Behandlung, und das wird schätzungsweise noch ein paar Wochen dauern.

Kann mich nicht lange konzentrieren (daher heute nur in Kürze). Gegen Mittag bin ich immer schon so müde, dass ich fast vom Stuhl kippe.

Dann schlafe ich. Und schlafe weiter. Und am nächsten Tag auch noch.

Jetzt heißt es auf das Ergebnis warten. Drei Monate lang.

Hier ist ein Foto von der Behandlung, falls es euch interessiert.

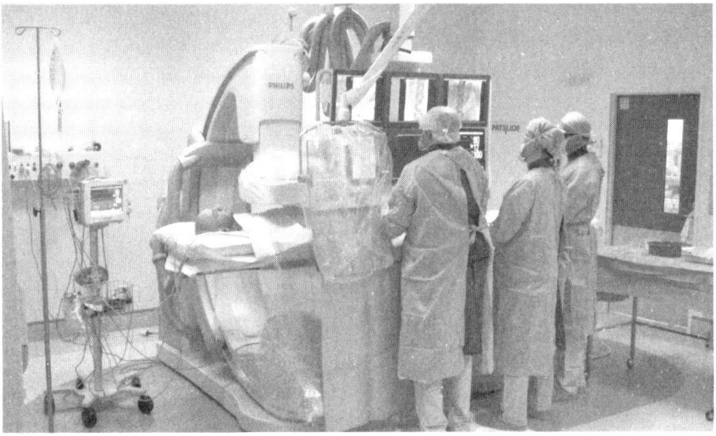

WUNDERBARE ÜBERRASCHUNG

Heute vor vier Jahren habe ich Folgendes geschrieben:

16 Uhr. Das Telefon klingelt.
Kristian: Hallo?
Rachel: Hallo, ich bin's. Ich glaube, es geht los.
Kristian: Was, jetzt?
Rachel: Ja, jetzt.
Kristian: Das ist unmöglich. Das sind zwei Wochen zu früh! Am Wochenende ist der Umzug, wir haben noch nicht fertig gepackt und … das passt überhaupt nicht! Ich glaube nicht, dass das Baby jetzt schon kommt.
Rachel: Doch, es kommt!
Kristian: Okay, ich fahre sofort nach Hause. Ich bin in einer halben Stunde bei dir.

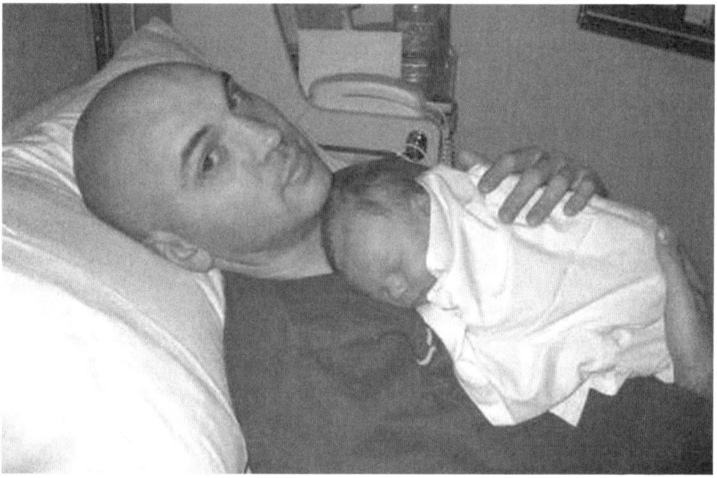

Cody, wenige Tage nach seiner Geburt.

18 Uhr. Wir kommen in der Klinik an. Denke immer noch, dass es vielleicht ein Fehlalarm ist.
18:30 Uhr. Nein, kein Fehlalarm. Der Muttermund ist schon fünf Zentimeter offen.
19:15 Uhr. Blasensprung. Die Wehen werden stärker.
21 Uhr. Die Hebamme gibt das Signal zum Pressen.
22:10 Uhr. Langsam wird das Köpfchen sichtbar. (Ein Stück harte Arbeit für Rachel).
22:24 Uhr. Cody Israel Anderson tut seinen ersten Atemzug.
Heute Nacht habe ich Gott gedankt, dass ich keine Frau bin. Ich habe immer sehr viel Achtung vor Frauen gehabt, aber heute hat diese Achtung noch mal eine neue Dimension bekommen. Ich bewundere meine Frau aus tiefstem Herzen und kann nicht genug staunen über das, was sie heute geleistet hat. Während sie schläft, bin ich putzmunter und ganz verrückt vor Freude.
Es war eine gute Woche. Dreimal beim U2-Konzert (wer hat so einen Job?!); Mondfinsternis; habe eine neue Gitarre gekauft und jetzt … jetzt habe ich einen Sohn.
Besser kann es nicht werden.
Mein süßer, kleiner Sohn, du hast uns sehr überrascht, *aber deshalb bist du nicht weniger willkommen.*
Dein Papa hat dich sehr lieb.

Jeden Tag danke ich Gott für meinen wunderbaren Sohn. Für ihn will ich kämpfen. Für ihn will ich leben.

AUS RACHELS SICHT

Ich bin kein besonders neugieriger Mensch, deshalb hatte ich auch keine Ahnung von dem Geburtstagsvideo, nicht die geringste. Cody hat irgendwann einmal gesagt – was mich stutzig

Cody heute.

machte –, dass Daddy ihn mitgenommen hätte, »dahin, wo die vielen Lichter sind«. Ich wusste, dass es neben dem Laden, wo Kristian mein Fahrrad gekauft hatte, einen Shop für Licht- und Soundtechnik gab, und dachte mir, den hätte er wahrscheinlich gemeint.

Ein paar Wochen davor hatte Kristian gefragt, was ich über John Key wüsste, den neuseeländischen Premierminister, und ich sagte: »Nicht viel – als er gewählt wurde, wohnte ich schon nicht mehr in Neuseeland. Ich glaube, er ist ganz gut und ein sympathischer Mann.« Ich konnte nicht wissen, dass es Kristian in der Zwischenzeit gelungen war, per E-Mail über das Wahlkreisbüro zu John Key Kontakt aufzunehmen. Er hatte ihn einfach so gefragt, ob er bereit wäre, einen kurzen Text für ein besonderes Geburtstagsvideo zu sprechen, und wartete auf seine Antwort. Er war einfach neugierig, wie ich über John Key dachte und ob ich ihn für einen netten Menschen hielt. Aber, wie gesagt, ich hatte keine Ahnung, was Kristian im Schilde führte, als er mich so harmlos fragte.

Vor meinem Geburtstag war er auch ein paarmal zu *Frame Set and Match* gefahren, das Design-Studio, für das er früher gearbeitet hat, aber auch das war nicht ungewöhnlich, denn er hat dort manchmal Sachen zur Nachbearbeitung hingebracht. Deshalb dachte ich mir nichts dabei, schon gar nicht, dass es irgendwas mit meinem Geburtstag zu tun haben könnte. In Wirklichkeit hat er dort die Special Effects einbauen lassen – die Transparente mit den Filmsequenzen (die Gewitterszene und den Ausschnitt aus unserem Hochzeitsvideo).

Und dann hat Kristian diese Wahnsinns-Geburtstagsparty organisiert, mit Catering-Service und einer gigantischen Hüpfburg für die Kinder – auch davon hatte ich keine Ahnung! Er sagte, er fühlte sich nicht wohl und wollte lieber nicht mit zum Gottesdienst, dabei war er an dem Morgen mit den letzten Vorbereitungen für die Party beschäftigt. Das Geburtstagsvideo hat er mir allerdings schon am Abend vorher gezeigt, er konnte einfach nicht länger warten. Eigentlich sollte auch das eine Überraschung sein, und er wollte es erst bei der Party zeigen, vor allen Gästen. Aber dann fand er es doch besser, wenn ich es erst allein anschaue.

Dieses Video hat ihn quasi weltberühmt gemacht.

Danach passierte es ihm öfter, dass er von wildfremden Menschen angesprochen wurde, wenn wir irgendwo waren. Kurz nach seiner Darmoperation, bei der er den künstlichen Ausgang bekam, waren wir zur Premiere eines Russell Crowe Films eingeladen, und wurden in der Kinoschlange von Leuten angesprochen, die Kristian erkannt hatten. In Disneyland kamen etwa drei Dutzend Leute auf uns zu, weil sie in der Woche davor im Fernsehen Kristians Video in der *Oprah Winfrey Show* gesehen hatten.

Auf seiner Blog-Seite konnten wir verfolgen, wie das Video praktisch rund um die Welt ging, denn Kristian bekam plötzlich ganz viele Kommentare aus Russland, dann aus Polen, dann England, und so weiter. Es war wirklich phänomenal.

5

In der Hand des Töpfers

BESSERE ZEITEN

24. Dezember 2010

Es geht bergauf.

Der Dezember war ein guter Monat, und dafür bin ich sehr dankbar.

Hatte am 9. Dezember meinen ersten Bluttest nach der Radiotherapie. Das Ergebnis: Meine Leber funktioniert einwandfrei nach dem radioaktiven Beschuss, und meine Tumormarker sind deutlich rückläufig, genau genommen um 65 Prozent! Und das nach nur vier Wochen. Aufgrund der guten Werte wurde beschlossen, dass ich erst mal drei Monate mit der Chemotherapie aussetzen soll, während die radioaktiven Kügelchen in meinem Körper weiter wirken. Bin so unheimlich erleichtert – vor allem über die Chemo-Pause – dass ich beinahe geweint habe, als ich das hörte. Denn, ich muss sagen, nach insgesamt 13 Monaten Nonstop-Chemo war ich psychisch ziemlich am Ende. Und die Aussicht, die Feiertage mal nicht im Bett und anders als in einem Dämmerzustand zu erleben, ist das Allerbeste überhaupt. Fast normale Weihnachten – ein gutes Gefühl.

Am 13. Dezember waren Rachel und ich beim U2-Konzert in Sydney. Ein Freund hatte uns spezielle VIP-Tickets besorgt, und als ich ihn fragte, wie viel wir ihm schuldig sind, sagte er, das sei schon in Ordnung. Es waren teure Tickets, von denen ein Teil des Preises an die Aidshilfe geht, und er hat sie uns einfach so geschenkt.

Beim U2-Konzert.

Am 14. Dezember hatten wir die einmalige Gelegenheit, die Oprah Winfrey Show im Sydney Opera House zu besuchen, das war ziemlich cool. Ein paar Tage später kamen Rachels Eltern aus Neuseeland zu Besuch, und wir fuhren nach Port Stephens hoch, um ein bisschen Sonne zu tanken.

Rachel packt gerade die letzten Weihnachtsgeschenke für die Kinder ein. Die Jungs liegen längst in ihren Betten und schlafen selig nach einem ereignisreichen Tag, und mir fallen auch bald die Augen zu. Die radioaktive Strahlung macht mich immer noch sehr müde. Es war keine Übertreibung, als die Ärzte sagten, ich würde so müde sein wie noch nie. Und ich bin wirklich so schlapp und kraftlos wie noch nie im Leben. Aber das ist okay, denn das bedeutet, dass die Strahlen in meinem Körper wirken.

Diesen Monat sind jedenfalls so viel tolle Sachen passiert (alles kann ich noch nicht verraten, das erzähle ich euch dann später), dass ich mich manchmal an der Nasenspitze fassen oder in den Arm kneifen muss, um zu wissen, dass ich das alles nicht nur träume.

Es ist so viel in Bewegung, und ich spüre eine unaufhaltsame Dynamik, die aus der Kraft Gottes kommt. Ich habe keine Erklärung dafür, wie sich eins zum anderen fügt, aber in allem sehe ich deutlich Gottes Handeln. Und obwohl ich weiß, dass es wirklich passiert, kann ich es manchmal kaum glauben.

Ich kann keine »frommen« Gebete sprechen und weiß nicht, wie man sich dem Allmächtigen angemessen nähert. Manchmal fluche ich und benutze Schimpfwörter. Und wenn ihr mir die Vorfahrt nehmen würdet, würde ich euch wahrscheinlich den Stinkefinger zeigen. Und wer meiner Frau oder meinen Kindern zu nahe tritt, dem würde ich ein blaues Auge verpassen.

Aber trotz all meiner Fehler und Charakterschwächen (und davon gibt es einige), hat Gott meine Gebete erhört. Ich spüre es täglich. Lange, bevor ich wusste, was ich brauche, hat er schon die Räder in Bewegung gesetzt. Wie präzise aufgereihte Dominosteine, die nacheinander umfallen, wenn man den ersten Stein anstößt, hat Er eine Kettenreaktion ausgelöst, bei der sich alles zusammenfügt wie bei einem Puzzle, dass ich nur staunen kann.

Jeden Tag erlebe ich, dass Gott mich nicht vergessen hat und dass er sein Versprechen hält. Nicht so, wie ich es mir gedacht hatte, sondern er übertrifft alle meine Erwartungen. Und das ist erst der Anfang. Ich spüre, dass ihr Zeugen eines Wunders sein werdet. Ich weiß es. Ich würde mein Leben darauf verwetten. Ihr werdet erleben, wie der Gott des Himmels seine Hand ausstreckt und etwas Großes, noch nie Dagewesenes tut. Nicht, weil ich etwas Besonderes bin. Das bin ich nicht, wie ihr alle wisst. Sondern weil er ein barmherziger, gütiger Gott ist, der mich über alles liebt. Wenn das geschieht, werdet ihr erkennen: Das war Gottes Werk.

GLÜCK IM UNGLÜCK

Nach dem guten Dezember rächt sich der Januar umso heftiger. Ich hätte es wissen müssen.

Zwischen Weihnachten und Neujahr besuchten wir meine Eltern in Perth.

Schon kurz nach unserer Ankunft fühlte ich mich ziemlich elend. Ich bekam abwechselnd Schweißausbrüche und Schüttelfrost und konnte so gut wie nichts bei mir behalten (aber ich hatte sowieso keinen Appetit). Die Temperaturen in Perth waren unerträglich. Durch eine plötzliche Hitzewelle stieg das Thermometer tagelang über 40 Grad Celsius, was es mir unmöglich machte, im Liegen oder Sitzen irgendeine bequeme Position zu finden.

Ich befürchtete, ich hätte eine Lungenentzündung, denn ich kannte die Symptome und wusste, dass es nach einer Radiothera-

Kristian mit seinen Eltern, Sandy und Andy, und seiner Schwester Bethany, sechs Wochen vor seinem Tod.

pie zu solchen Komplikationen kommen kann. Ich ging zum Arzt zum Röntgen, aber meine Lunge war in Ordnung. Was konnte es sonst sein?

Zwei Tage später hatte ich Blut im Stuhl, und ich ahnte nichts Gutes. Der Darmtumor.

Ein paar Tage später, wieder daheim in Sydney. Mir geht es inzwischen noch schlechter, und gegen Abend fahren wir ins Krankenhaus. In der Onkologie schiebt man mich sofort in die Röhre, und das CT bestätigt den Verdacht: Der Tumor ist wieder gewachsen und blockiert jetzt den Darm. Mit »blockiert« meine ich: ein totaler Stau, nichts geht mehr. Ich werde gleich dabehalten und dem Chirurgen vorgestellt. Gleich am nächsten Morgen soll ich operiert werden.

Es ist ernst. Im Klartext, lebensbedrohlich.

Am Morgen werde ich mit einem Kontrasteinlauf für die Operation vorbereitet. Kann mir nichts Schöneres vorstellen. Dann zurück ins Zimmer und auf Rachel warten, bevor man mich in den Operationssaal schiebt. Ohne sie gehe ich nirgendwo mehr hin.

Rachel kommt, und ich kriege sofort feuchte Augen. Sie ebenso. Wir haben beide Angst. Niemand kann uns sagen, wie es ausgehen wird, denn die Ärzte tappen selbst noch im Dunkeln. Sie haben nur die CT-Bilder. Wie es wirklich aussieht, wissen sie erst, wenn sie mich aufschneiden.

Ich kenne den Chirurgen. Es ist derselbe, der mir vor Jahren den Blinddarm entfernt hat und der auch die Darmspiegelung gemacht hat, bei der man den Tumor überhaupt erst entdeckt hat. Ich bitte ihn, mir die Wahrheit zu sagen, und er nimmt kein Blatt vor den Mund.

Dies ist eine Notoperation am unvorbereiteten Darm (sprich: zum Platzen voll). Keine schöne Angelegenheit. Es besteht zu 80 Prozent die Chance, dass ich den gesamten Enddarm verlieren werde. Also so gut wie sicher. Der Tumor selbst sitzt gefährlich nah an einigen wichtigen Arterien, sodass man ihn wahrscheinlich nicht entfernen kann. Immerhin besteht die fünfprozentige Chance, dass ich *keinen* dauerhaften künstlichen Ausgang brauchen werde. Das sind die Fakten. Der Arzt sagt, es tut ihm leid, aber wir haben keine andere Wahl.

Ich warte allein auf dem Flur.

Gott?

Hilf mir.

Bitte, Gott, keinen künstlichen Darmausgang. Bitte nicht. Bitte, bitte, bitte.

Bitte tu doch was.

Rachel kommt, und wir weinen beide. Ich sage ihr, wie sehr ich sie liebe, und dass sie den Jungs sagen soll, dass Daddy sie sehr lieb hat. Für den Fall, dass ich nicht mehr aus der Narkose aufwache. Eine Schwester bittet Rachel, mitzukommen, und nimmt sie sanft am Arm und führt sie hinaus. Ich werde in den OP gerollt.

Meine Lider sind so schwer.

Es wird dunkel.

Das Nächste, was ich wahrnehme, ist Rachels Stimme und das Piepen des Herzfrequenzmessers. Ich kann die Augen nicht öffnen, ich kann meinen Körper nicht bewegen, aber ich fühle, dass sie meine Hand hält. Ich versuche, ihre Hand zu drücken, damit sie weiß, dass ich wach bin. Es funktioniert.

Ich hab's geschafft.

In den nächsten Tagen darf ich außer Wasser nichts zu mir nehmen (für insgesamt eine Woche, und ich verliere einige Kilos). Erst am zweiten oder dritten Tag nach der OP erzählt mir Rachel, was passiert ist.

Gleich nach der Operation bekam sie einen Anruf vom Krankenhaus. Man sagte ihr, dass alles ganz anders war als erwartet. Erstaunlicherweise hatte man im Darm keine weiteren Metastasen entdeckt (wie nach der CT-Untersuchung vermutet). Und man hatte den bestehenden Tumor entfernen können – und zwar vollständig.

Das heißt: Mein Darm ist jetzt krebsfrei!

Wenn ich alle Ereignisse, die zu dieser Operation geführt haben, wie Puzzleteile zusammensetze, ergibt sich für mich ein ganz klares Bild:

Ich habe Gott gerufen. Er hat geantwortet.

Nach weiteren zehn Tagen im Krankenhaus bin ich jetzt wieder zu Hause, auf dem Weg der Besserung.

Das ist die gute Nachricht.

Und die schlechte?

Ich habe einen langen, schmerzvollen Weg vor mir und werde noch für zwei Monate einen künstlichen Ausgang brauchen, ein sogenanntes Stoma. Das heißt, mein Darm-»Ausgang« befindet sich jetzt neben meinem Bauchnabel. So wie in einem drittklassigen Horrorfilm, in dem irgendwelche Innereien aus dem Körper quellen. Der Stomabeutel muss täglich gewechselt werden, und es kostet mich einige Überwindung. Hinzu kommen die Schmerzen. Ich habe noch nie im Leben so starke Schmerzen gehabt. Langsam bekomme ich sie in den Griff, aber nur durch einen gezielten Einsatz von Morphin & Co. Ich kann mich nicht bücken, und die Wunde rund um das Stoma tut bei jeder Bewegung weh. Auf Körperkontakt wie Toben oder Kuscheln mit Cody und Jakob muss ich vorläufig verzichten, und es fällt mir sehr, sehr schwer.

Glück im Unglück:

Das Stoma ist nur vorübergehend und vollständig rückverlegbar. Mein Darm wird nach der Heilungszeit wieder ganz normal funktionieren. Und das, obwohl die Ärzte zuvor das Schlimmste befürchtet hatten. Und das Allerbeste: Der Tumor ist weg, und mein Darm völlig krebsfrei.

Ich lasse euch eure eigenen Schlüsse ziehen, aber für mich ist der Fall sonnenklar. Vor meinem inneren Auge sehe ich Gott am Fußende des Bettes stehen. Er nickt mir zu, mit einer Zuversicht, die nur mein Schöpfer haben kann. Und erinnert mich an Seine Worte:

Denn ich bin der Herr, dein Gott.
Ich nehme dich an deiner rechten Hand
und sage: Hab keine Angst! Ich helfe dir.

Jesaja 41,13

DANKBAR

Jetzt, nachdem die Sendung ausgestrahlt wurde, dürfen wir nach langem Schweigen (jedenfalls so gut es ging) endlich die Katze aus dem Sack lassen:

Rachel und ich waren als Gäste in der Oprah Winfrey Show – und die Großzügigkeit und Hilfsbereitschaft, die sie uns, gemein-

sam mit Microsoft und Xbox Australia, erwiesen hat, hat uns tief beeindruckt. Dank ihrer großzügigen Geste ist es mir nun möglich, mich ganz und gar auf meine Genesung zu konzentrieren, und Rachel kann sich eine Zeit lang von ihrer Arbeit freistellen lassen und für die Familie da sein.

Dazu nur so viel: Jede Begegnung im Rahmen dieser Veranstaltung hat uns gezeigt, wie wichtig es ist, ein Stück Menschlichkeit zu leben.

Für mich persönlich ein Anstoß, in meinem eigenen Umfeld hilfsbereiter und großzügiger zu sein. Ihr könnt euch nicht vorstellen, was alles passiert ist, bis es so weit war. Eines Tages erkläre ich euch alles.

An alle, die uns so lange im Ungewissen gelassen haben (!) und uns die größte Überraschung unseres Lebens bereitet haben (eine maßlose Untertreibung): Es ist schön, dass es euch gibt! Ihr seid ein großer Segen, und wir freuen uns schon auf ein Wiedersehen.

Wir laden euch gern zum Essen ein!

ZU VIELE GEGNER IM RING

Heute war ein ziemlich schlechter Tag.

Hatte einen Termin beim Onkologen (den ersten seit meiner Darmoperation) und war, ehrlich gesagt, sehr optimistisch. Ich meine, der Darmkrebs ist beseitigt, und der Leberkrebs wird von radioaktiven Teilchen beschossen und ist auf dem Rückzug – was will man mehr?

Wir hätten uns freuen können.

Konnten wir aber nicht.

Stattdessen Bestürzung, Enttäuschung, Schock. Alles ist anders als erwartet.

Meine CEA-Werte sind von der 600er Marke auf 2890 hochgeschnellt. Ein Anstieg von beinahe 500 Prozent. Und der CA-19-

9-Wert ist von 72 auf 112 geklettert. Es war wie ein Schlag ins Gesicht.

Natürlich stellt sich die Frage nach dem Warum. Aber bisher konnte mir noch keiner eine eindeutige Antwort geben. Verschiedene Gründe sind denkbar, niemand will sich festlegen. Und alle sind genauso erstaunt und bestürzt wie ich.

Meine größte Sorge ist natürlich, dass der Krebs inzwischen gestreut und auch andere Körperteile befallen hat.

Und jetzt? Jetzt starte ich in zwei Wochen einen weiteren Behandlungszyklus, mit einem neuen Medikament namens Erbitux (Cetuximab). Angeblich sollen erstaunliche Wirkungen damit erzielt werden. Es handelt sich dabei, banal ausgedrückt, eher um eine biologische Waffe als um eine chemische. Die häufigste Nebenwirkung ist ein akneartiger Hautausschlag, der überall dort auftritt, wo man normalerweise Aknepickel kriegt. Ich werde also in den nächsten Wochen und Monaten optisch in meine Jugend zurücktransportiert, als ich noch ein streuselkuchengesichtiger Teenager war. Na prima.

In den letzten sechs Wochen komme ich mir vor wie ein Boxer im Ring, der von allen Seiten attackiert wird. Egal, wie gezielt ich die Schläge abwehre, schon kommt – zack – aus einer anderen Richtung – zack – der nächste Schlag, und so weiter. Pausenlos hagelt es auf mich ein. Es vergeht kein Monat ohne Skalpelle, Nadeln, Stiche, Infusionen, Tabletten und so weiter – und ein Ende ist nicht in Sicht.

Und da uns niemand sagen kann, warum meine Werte plötzlich so drastisch steigen, hängen wir weiterhin in der Luft. Unser Leben bleibt in der Warteschleife.

Wenn der Krebs eine reale Person wäre, ich schwöre, ich würde ihm den Hals umdrehen. Ich fühle mich verraten und verkauft, so unendlich betrogen. Ich tue wirklich alles, was ich kann. Tue *alles*, was die Ärzte sagen und lasse sämtliche Therapien über mich ergehen, ganz egal, was für körperliche und seelische Nebenwirkungen sie haben. Ich befolge sämtliche Anweisungen, stelle nichts infrage. Nur um gesund zu werden. Und wenn ich für den Bruchteil einer Sekunde ins Wanken gerate, weil mein Geist schwach wird, dann springt mein Herz ein und drängt mich zum Weitergehen.

Warum?

Rachel.

Cody.

Jakob.

Sohn Davids ... Jesus ... hab Erbarmen. Ich weiß nicht, wie viel ich noch verkraften kann.

WARNSCHUSS

Eigentlich sollte die Überschrift »Dress Code – Teil 2« heißen, aber das Thema geht für mich über reine Verhaltensregeln hinaus.

Was watschelt wie eine Ente und quakt wie eine Ente? Genau. Eine Ente. Dasselbe gilt für alle Heuchler, Lügner und Besserwisser.

Was ich jetzt schreibe, tue ich ungern, aber da ich in letzter Zeit immer mehr Kommentare kriege, die in eine bestimmte Richtung gehen, möchte ich ein paar Dinge klarstellen.

Also. An alle, die keinen »Dr. med.« vor ihrem Namen haben, die keine praktizierenden Ärzte und nicht im medizinischen Bereich tätig sind: Bitte haltet euch zurück. Ich kann es nicht mehr hören, dass meine Ärzte mir wichtige Informationen vorenthalten, dass sie mit der Pharmaindustrie unter einer Decke stecken, dass es Medikamente gibt, die den Krebs heilen könnten, aber der Staat und die Ärztelobby verhindern, dass sie auf den Markt kommen, weil an den herkömmlichen Therapien Milliarden verdient werden und aus dem Leiden der unzähligen Krebspatienten Profit geschlagen wird.

Ein Kommentar gestern Abend brachte das Fass endgültig zum Überlaufen: Es sei »idiotisch«, mit der Chemo weiterzumachen, und »ein Wunder, dass die Chemotherapie mich nicht längst umgebracht hat«. Das schreibt jemand, der keinerlei medizinische Qualifikationen besitzt und der auf meine Frage, woher er sein Fachwissen habe, nie geantwortet hat. Andere »Informationen«, die mir zugetragen wurden, sind so absurd, dass sie es nicht wert sind, hier wiederholt zu werden. Ich habe daraufhin mit zwei Freunden telefoniert, die auch Ärzte sind, und sie haben diese obskuren Verschwörungstheorien innerhalb weniger Minuten entkräftet. Aber natürlich kann ich ihnen nicht trauen, denn sie stecken ja mit der Pharmaindustrie unter einer Decke.

Leute, jetzt macht mal halblang!

Ich werde nicht versuchen, solche idiotischen Behauptungen mit rationalen Argumenten zu widerlegen. Dafür fehlen mir die Zeit und die Kraft. Aber wer auch immer zu den wenigen Fanatikern gehört, die diesen Blödsinn tatsächlich glauben und andere dazu bekehren wollen, lasst euch gesagt sein: Ihr richtet in den Reihen der Patienten, die verzweifelt gegen den Krebs kämpfen, mehr Schaden an, als ihr denkt. Ich gehe sogar so weit zu sagen: Euer Verhalten ist unverantwortlich, denn die Menschen, die ihr damit trefft, sind oft sehr labil, verletzlich und geschwächt, sowohl psychisch als auch körperlich.

Genug davon. Ich habe euch gewarnt. Und wenn ihr mir noch mal mit so einem Blödsinn kommt, werdet ihr mich von einer anderen Seite kennenlernen. Dann bin ich nicht mehr der nette, höfliche Kristian Anderson. Wenn ich oder meine Familie angegriffen werden, schlage ich zu. Dann werde ich eure heuchlerischen, besserwisserischen Kommentare zerschmettern wie eine Melone an einem Felsen, dass der ganze quacksalberische Inhalt herausspritzt.

Das ist *mein* Leben – also bleibt mir bitte mit euren skurrilen, unwissenschaftlichen Theorien vom Hals.

Ich hoffe, ich habe mich klar genug ausgedrückt.

MEIN GARTEN

An den meisten Tagen habe ich viele widersprüchliche Stimmen im Ohr – die Stimme der Mediziner, die Stimme der Verschwörungstheorie-Liga, die Stimme von Freunden, die anrufen und fragen, wie es mir geht, und die Stimme der Angst, die ich immer dann höre, wenn es gerade nicht so gut läuft. Und meine eigene Stimme: meine Gedanken. Oft sind sie wie zehntausend verhedderte Telefonleitungen, und es ist ein wahrer Kampf, sie zum Schweigen zu bringen.

In Zeiten wie diesen darf ich die *eine* Stimme nicht überhören – die Stimme, die sich nie aufdrängt, die Stimme, die nicht beleidigt davonstapft, wenn sie unbeachtet bleibt. Die Stimme, die ganz leise zu mir spricht, bis ich ihr das Ohr öffne. Es ist die leise Stimme des Geistes Gottes.

Ich habe einen schweren, steinigen Weg hinter mir und ein weiteres Stück noch vor mir. So geht das seit rund anderthalb Jahren. Wer schon mal eine Krebstherapie mitgemacht hat, weiß, mit wie viel Schmerz sie verbunden ist, nicht nur für den eigenen Körper und das eigene Leben, sondern auch für das Leben derer, die uns lieben. Doch mitten im Leid und unter all den Stimmen habe ich gelernt, die leise, unaufdringliche Stimme Gottes zu erkennen. Sie hat mich noch nie enttäuscht oder in die falsche Richtung gelenkt. Sie schenkt mir Frieden und Trost und lässt mich aufatmen, wenn die Last mich zu erdrücken droht.

Ich will achtgeben, dass diese eine Stimme nicht ungehört verhallt. Wie Unkraut im Garten jäte ich die schädlichen Stimmen aus, egal wie gut sie gemeint sind, und lasse nur die stehen, die Hoffnung und Frieden in sich tragen. Es wird immer Leute geben, die mich für naiv und ignorant halten oder mich als Idioten bezeichnen, wie dieser eine sympathische Zeitgenosse. Aber wisst ihr was? Es ist mir egal.

Mein Haus, meine Regeln. Mein Garten. Was darin wächst, bestimme ich.

Mitten in diesem Garten möchte ich Wurzeln schlagen, direkt neben der Pflanze, die »Gottes Wort« heißt.

Denn Er sagt:

Doch ich segne jeden, der mir ganz und gar vertraut.
Er ist wie ein Baum, der nah am Bach steht und seine Wurzeln zum Wasser streckt: Die Hitze fürchtet er nicht, denn seine Blätter bleiben grün. Auch wenn ein trockenes Jahr kommt, sorgt er sich nicht, sondern trägt Jahr für Jahr Frucht.

Jeremia 17,7–8

Ich habe keine Ahnung, was die Zukunft bringt, aber ich weiß: Wenn ich tief verwurzelt bin, kann mir nichts und niemand etwas anhaben, denn ich habe einen festen Halt. Meine Hoffnung gründet sich nicht auf die Ärzte und die Medizin, obwohl ich sehr dankbar bin, dass es sie gibt. Meine Hoffnung und mein Vertrauen gründen sich auf den Gott des Himmels.

Denn Er lügt nicht.

Ihr werdet sehen.

WIE EIN BÖSER TRAUM

War diese Woche noch mal zur Computertomografie und hatte danach ein Gespräch mit meinem Onkologen über den neuesten Befund.

Die interne Radiotherapie (SIRT) liegt jetzt drei Monate zurück, und die CT-Bilder sollten zeigen, wie gut (oder auch nicht) die radioaktiven Teilchen gewirkt haben. Und vielleicht auch, warum meine Werte vor ein paar Wochen so plötzlich in die Höhe geschnellt waren. Ich brauchte das Resultat für meinen Seelenfrieden.

Das Ergebnis: Auf den Bildern gab es keine Anzeichen, dass der Krebs neue Metastasen gebildet hat.

Echt gute Nachrichten.

Auf den CT-Bildern lässt sich auch erkennen, dass es sich bei den restlichen Tumoren auf meiner Leber um kalzifizierte Tumoren handelt (das heißt, sie haben Kalkeinlagerungen gebildet). Der Arzt erklärte mir, eine Tumorverkalkung bedeutet im Allgemeinen, dass der Tumor inaktiv sei, praktisch ein abgestorbener Organismus. Der Körper lagert Kalzium ein, etwa bei Entzündungen, um an der betroffenen Stelle das Gewebe zu schützen und zu heilen. So habe ich es zumindest verstanden. Wenn sich jemand damit auskennt, lasse ich mich gern korrigieren. Aber nur von jemandem, der Arzt oder Krankenschwester oder sonst irgendwie vom Fach ist und wirklich Ahnung von Medizin hat, okay?

Obendrein zeigen die neuesten Tests eine ausgezeichnete Leberfunktion und eine deutliche Rückbildung der Tumoren. Noch ein gutes Zeichen.

Von meinem neuen Medikament, Erbitux, habe ich bisher zwei Infusionen bekommen. Es sieht so als, als spreche ich darauf an, denn mein Körper reagierte prompt mit juckendem Ausschlag und äußerst schmerzhafter Akne im Kopfbereich und auf dem Oberkörper. So schmerzhaft es ist, es zeigt gewöhnlich, dass das Medikament anschlägt. Dafür bin ich dankbar, aber die Akne und der Ausschlag jucken und brennen wie Feuer. Meine Kopfhaut brennt am schlimmsten, und ich stecke den Kopf zwischendurch immer wieder unter den kalten Wasserhahn, was wenigstens ein kleines bisschen Erleichterung bringt. Es ist unmöglich, meinen von Pusteln übersäten Kopf auf das Kissen zu legen. Also warte ich mit dem Schlafengehen, bis ich vor Erschöpfung umfalle und einfach nicht länger wach bleiben kann. Habe jetzt Antibiotika und Salbe bekommen. Hoffentlich machen sie die Dinge etwas erträglicher.

Zwischendurch, mit meiner juckenden, brennenden Kopfhaut,

meinem Stomabeutel und meiner Neuropathie (ständiges Kribbeln und Stechen in den Füßen, du blödes Oxaliplatin) versuche ich, mich zu erinnern, wie sich ein ganz »normaler« Körper anfühlt. Wenn Huey Lewis in seinem Song »I Want a New Drug« nach einem neuen Medikament verlangt, nach einem, das weder nervös noch schlaflos macht und von dem man keine Pickel im Gesicht bekommt, liegt er damit gar nicht so falsch.

Aber das geht vorüber, und wenn ich dafür, wenn alles überstanden ist, noch Jahrzehnte weiterleben kann, hat sich der Einsatz gelohnt.

Mein CEA-Wert ist immer noch sehr hoch (um die 4000), und der CA 19-9 stagniert seit ein paar Wochen bei 112. Aber mein Onkologe ist überzeugt, dass die Werte bald anfangen werden zu purzeln, sobald das Erbitux seine volle Wirkung entfaltet. Es wäre komisch, wenn es nicht so wäre, jetzt, wo der Darmkrebs beseitigt ist und die Leber so gut aussieht wie schon lange nicht mehr.

Eines Tages wird das alles nur noch eine blasse Erinnerung sein, flüchtig und unwirklich wie ein böser Traum.

Diese Woche habe ich seit sehr langer Zeit endlich mal wieder eine Gitarre in die Hand genommen, meine schwarze Duesenberg 49er. Ich habe eine Phase durchgemacht, da war es mir ziemlich egal, ob ich jemals wieder Gitarre spielen oder meine eigene Musik produzieren kann. Es machte mich traurig, dass mir die Musik immer weniger bedeutete, aber ich konnte den Prozess nicht aufhalten. Doch seit dem Konzert von *Train* ist das zum Glück wieder anders. Seit ich gesehen habe, mit welcher Begeisterung Jimmy Stafford seine Gitarre spielt, weiß ich wieder, was es heißt, sich ganz in der Musik und im Augenblick zu verlieren. Ich weiß genau, wie das ist, es ist nur schon so lange her. Aber meine Hände sind ganz okay, und diese Woche will ich mir ein neues Effektboard bauen und mal wieder ein paar Skalen rauf und runter spielen, eine gute Fingerübung.

Es tut gut, wieder Gitarre zu spielen. Ich hoffe, die Nachbarn teilen meine Begeisterung.

Übrigens, ein herzliches Willkommen den 302 »Ultimate Viewers«, den Fans, die Oprah Winfrey auf ihrer Australien-Tour begleitet haben. Es freut mich sehr, dass ihr euch die Zeit genommen habt, meinen Blog zu besuchen.

DORSA

Ich sitze schon ein paar Wochen an diesem Text, denn ich merke, dass mich das Erlebnis immer noch aufwühlt, selbst nach so langer Zeit.

Gegen Ende der ersten und Mitte der zweiten Woche der Erbitux-Behandlung war der brennende, juckende Ausschlag auf meinem Kopf nahezu unerträglich, egal, was ich tat. Rachel meinte, ich sollte es mal mit Antihistamin-Tabletten versuchen, und ich sprang sofort ins Auto und fuhr zur Apotheke. Das Wetter in Sydney ist seit ein paar Wochen angenehm kühl, und ich ließ das Fenster herunter und mir die frische Brise um den brennenden Schädel wehen, das tat gut.

Wie ich so in der Apotheke in der Schlange stehe, kommt eine junge Frau auf mich zu und fragt schüchtern und mit ausländischem Akzent, ob ich »bei Oprah im Fernsehen« war. Ich bejahte, und sie schenkte mir ein breites Lächeln. Dann erzählte sie, dass sie an multipler Sklerose leide und seit Langem schwere Depressionen habe. Sie sagte, unser Fernsehinterview hätte sie tief berührt und ihr neue Hoffnung geschenkt. Sie dankte mir für mein mutiges Zeugnis, und sagte, seitdem könne sie mit ihren Depressionen viel besser umgehen.

Ich stand da und kämpfte gegen die Tränen der Rührung. Da sagt mir ein wildfremder Mensch, dass mein eigener Kampf nicht umsonst ist, sondern eine Ermutigung für andere. Aus den Augenwinkeln sah ich, wie die anderen Kunden uns neugierig beobachteten. Sie nahm meine Hand und schüttelte sie, wir tauschten noch ein paar Höflichkeiten aus, dann ging sie nach nebenan in die Arztpraxis, wo ihre Schwester auf sie wartete.

Auf dem Heimweg wiederholt sich die Szene vor meinem inneren Auge, und ich muss rechts ranfahren, weil Tränen meinen Blick verschleiern. Wie ein Donnerschlag trifft mich die Erkenntnis, dass diese Begegnung eine tiefe geistliche Dimension hat. Dass Gott mir zeigen will: All das – der Krebs, der Kampf, das Leid, die Ungewissheit und die Schmerzen – hat nur sekundär mit mir zu tun. Hier geht es nicht um mich.

Sondern um die Menschen, denen ich damit helfen kann.

Seitdem habe ich einen anderen Blickwinkel, sehe vieles in einem anderen Licht. Ich kann es nicht erklären, aber ich bin unendlich dankbar, dass ich sozusagen auf Gottes Bühne einen klitzekleinen Blick hinter die Kulissen werfen durfte. Und sehen darf, wie Er etwas so Zerstörerisches wie meinen Krebs für andere in Hoffnung verwandeln kann.

Das Leben mit Krebs ist eine Erfahrung, die ich niemandem wünsche, aber in solchen Momenten beinahe wie ein Geschenk.

Bitte betet für diese junge Frau. Ihr Name ist Dorsa. Sie stammt ursprünglich aus Persien und ist höchstens 25 Jahre alt.

Viel zu jung für ein Leben mit MS.

VIELE HÄNDE

Die australische Regierung tut sich schwer damit, das Medikament Erbitux in die Liste der staatlich subventionierten Arzneimittel aufzunehmen. Dabei haben die Gremien von Medicare und das *Pharmaceutical Benefits Advisory Committee* (Institution, die das Kosten-Nutzen-Verhältnis prüft) bereits grünes Licht gegeben. Die Regierung hat daraufhin die Zulassung von Erbitux zugesagt, was zum vereinbarten Zeitpunkt aber nicht erfolgt ist. Niemand weiß, ob und wann das geschehen soll, und ob der Staat sein Versprechen jemals einlösen wird.

Im Ernst, Erbitux wirkt Wunder in meinem Körper.

Ich kriege es jetzt seit acht Wochen (hatte gestern meine achte Infusion), und bekam heute meine neuen Blutwerte. Nach nur sieben Wochen sind meine Marker deutlich zurückgegangen: Der CEA-Wert von 4100 auf 234, und der CA-19-9-Wert von 113 auf 13,9. (Zur Erinnerung: Der Normalwert lieg bei 37 und darunter). Woche um Woche sinken meine Werte um 25 bis 50 Prozent, obwohl sie davor aus unerklärlichen Gründen in die Höhe geklettert waren. Dank Erbitux.

Nach der gelungenen Darmoperation und der Radiotherapie ist Erbitux sozusagen das Tüpfelchen auf dem i, mit fantastischen Ergebnissen. Dieses Medikament sollte und müsste allen Patienten als direkte Behandlungsoption zur Verfügung stehen.

Ungefähr zweitausend Australier brauchen Erbitux. Meine wöchentliche Dosis kostet zweitausend Dollar. Alles in allem würden jährlich dreißig Millionen benötigt, um das Medikament für diese Patienten kostenlos zugänglich zu machen.

Die australische Regierung hat es versprochen, aber ich brauche eure Hilfe, um sie an ihre Zusage zu erinnern.

Als ich am Anfang meines Weges stand, war meine Stimme leise und kraftlos. Heute schallt sie wie ein Echo rund um den Globus, dank eurer Gebete und der Unterstützung von allen, die meinen und Rachels Blog besuchen. Dank zahlreichen Gebetskreisen und Kirchen auf der ganzen Welt. Dank den australischen Medien und internationalen Nachrichtenagenturen. Und nicht zuletzt dank Oprah Winfrey.

Wir können etwas bewegen – wenn wir uns alle die Hände reichen. Ich bin fest davon überzeugt.

Dieses Medikament, das so vielen Menschen helfen könnte, sollte jedem, der es braucht, zur Verfügung stehen. Es ist kein

Wunderheilmittel, aber eine nützliche Errungenschaft der Medizin, und seine Wirkung ist phänomenal.

Wirklich *phänomenal.*

TON IN DER HAND DES TÖPFERS

Wieder diese lähmende Müdigkeit.

Mein Körper bewegt sich in Zeitlupe. Mein Geist ist lustlos und träge.

Habe soeben meine neunundzwanzigste Chemo-Infusion hinter mir. Das Erbitux ist zwar besser zu verkraften als das Avastin und Oxaliplatin, aber es ist trotzdem ein schweres Geschütz.

Durch das Oxaliplatin habe ich Nervenschäden in den Füßen, insbesondere in den Zehen. Ich bin extrem empfindlich gegen Temperaturschwankungen. Fällt das Thermometer nur um wenige Grad, wird das Stehen oder Laufen für mich unerträglich. Und heute war noch nicht mal ein besonders kalter Tag. Eigentlich mag ich kalte Tage, denn die kühle Luft ist eine Wohltat bei meinem brennenden Ausschlag am Kopf und Oberkörper.

Bei Krebs gibt es kein »Dazwischen«, sondern nur ein »Entweder – Oder«. Es gilt immer: Alles oder nichts. Der volle Einsatz.

Und zwar kompromisslos.

Es gibt so vieles, was ich nicht verstehe.

Bevor ich Krebs hatte, war ich überaus ehrgeizig. Ich war ein Getriebener. Ich strebte nach Dingen, oft ohne dauerhaften Wert, ohne bleibende Erfüllung. Manchmal auf Kosten meiner Familie, manchmal auf Kosten meiner Prinzipien. Ich hatte Kontakt zu Leuten, von denen ich hoffte, sie würden für mich »Türen öffnen«, obwohl ich nie so werden wollte wie sie. Alles im Namen des »Erfolgs«. *Doch der Krebs hat solche Dinge relativiert und mich davon frei gemacht, mich und meine Familie an die erste Stelle zu setzen.* Dinge, auf die ich meinte, nicht verzichten zu können, sind nun – auf meinem Weg durch dieses tiefe Tal – überhaupt nicht mehr wichtig.

Ich sehe viel Gerümpel am Wegesrand. Ballast, den andere abgeworfen haben, die diesen Weg vor mir gegangen sind. Und die angesichts der eigenen Vergänglichkeit zu derselben Erkenntnis gelangt sind, was ewige Werte betrifft. Ein tiefes Verständnis, hervorgebracht durch einen Schrei aus tiefster Seele.

Aus rein menschlicher Sicht werden wir zu »Opfern«, zu »Leidenden«.

Schwach.

Krank.

Traurig.

Bemitleidet.

Wertlos.

Unsere Schwachheit wirkt abstoßend auf die Starken, die ihr Leben scheinbar im Griff haben. Und trotzdem, je schwächer wir sind und desto mehr Risse unsere Fassade bekommt, desto mehr Licht fällt in unser Dasein.

Ich bin nichts Besonderes. Das habe ich nie behauptet. Bei dieser Odyssee geht es nicht um mich. Ich will nicht beweisen, wie stark ich bin. Allein Gott ist meine Stärke. Ich will hier auch nicht beweisen, wie groß mein Glaube ist, denn mein Glaube ist ein Geschenk Gottes. Ich will nicht beweisen, was für ein Held ich bin. Gott schenkt mir täglich so viel Mut und Kraft, wie ich brauche. Alles Gute in mir ist nicht mein eigener Verdienst, sondern hat seinen Ursprung im Himmel. Ich bin kein angesehener christlicher Leiter. Ich bin kein besonders guter Staatsbürger. Ich bin kein Typ, der alles im Griff hat. Ich bin der Zöllner aus Lukas 18,10–14:

Zwei Männer gingen in den Tempel, um zu beten. Der eine war ein Pharisäer, der andere ein Zolleinnehmer. Selbstsicher stand der Pharisäer dort und betete: »Ich danke dir, Gott,

dass ich nicht so bin wie andere Leute: kein Räuber, kein Gottloser, kein Ehebrecher und schon gar nicht wie dieser Zolleinnehmer da hinten. Ich faste zweimal in der Woche und gebe von allen meinen Einkünften den zehnten Teil für Gott.«
Der Zolleinnehmer dagegen blieb verlegen am Eingang stehen und wagte kaum aufzusehen. Schuldbewusst betete er: »Gott, vergib mir, ich weiß, dass ich ein Sünder bin!«
Ihr könnt sicher sein, dieser Mann ging von seiner Schuld befreit nach Hause, nicht aber der Pharisäer. Denn wer sich selbst ehrt, wird gedemütigt werden; aber wer sich selbst erniedrigt, wird geehrt werden.

Wer demütig ist, wird geehrt werden.

Vielleicht bin ich Superman. Oder vielleicht einfach jemand, der das Geschenk eines barmherzigen Gottes empfängt.

Tag für Tag werde ich daran erinnert, wie schwach und vergänglich mein Körper ist. Er funktioniert nicht mehr so, wie er soll. Er tut Dinge, die er nicht soll, und wird dafür einer permanenten, brutalen Korrektur ausgesetzt. Meine Sterblichkeit war nie zuvor deutlicher, und mir steht täglich vor Augen: Womöglich bin ich bald ein toter Mann. Und das ist nur der körperliche Aspekt, vom psychischen ganz zu schweigen. Ich könnte noch viel über meine schwache menschliche Seite schreiben. Doch ich weiß: Christus hat versprochen, Zerbrochenes ein für alle Mal heil zu machen, und das verwandelt meine Last in einen Gewinn. Er ersetzt meine Schwachheit durch Seine Stärke. Er hat sich selbst für mich geopfert.

Dieser Weg der *Verwandlung* von dem Mensch, der ich einmal war, zu dem, der ich nach Gottes Willen sein soll, ist etwas, das ich mir nicht freiwillig ausgesucht habe – weder für mich noch für meine Familie. Glaubt mir, es tut weh.

Mein Körper schmerzt fast so wie mein Herz, und ob dies mein vorbestimmtes Schicksal ist, darüber lässt sich streiten. Aber das tut nichts zur Sache. Wie dem auch sei, ich bin nur der Ton in

Kristian und Rachel kurz nach der Hochzeit mit ihren Geschwistern.

der Hand des Töpfers. Er gibt mich auf die Töpferscheibe, gräbt seine Finger ein und knetet mich durch, streicht Unebenheiten glatt und härtet mich zuletzt im Feuer. Während dieses ganzen Prozesses habe ich keine Ahnung, wie das vollendete Werk aussehen wird. Doch ich vertraue mich dem Töpfer an, in Seiner Hand liegt mein Leben.

DADDY, WIR SIND GANZ ALLEIN!

In den vergangenen Wochen haben wir Urlaub in Rachels alter Heimat Neuseeland gemacht, mit der ganzen Familie.

Rachel und die Jungs flogen an einem Sonntag, und ich reiste am Mittwoch hinterher, nach einer weiteren Chemo-Infusion. Die Jungs lieben Neuseeland und besuchen gern ihre beiden jüngeren Cousins, ihre Großeltern und ihre Onkel und Tanten. Für Rachel ist es auch jedes Mal eine wichtige Zeit, um sich zu erholen und neue Kraft zu tanken, an einem vertrauten Ort und unter Menschen, die sie lange und gut kennen.

Wir verbrachten ein Wochenende in einem kleinen Küstenort namens Onemana in der Nähe von Whangamata, gemeinsam mit Rachels Geschwistern und deren Ehepartnern und Kindern. In dem Häuschen von Rachels Verwandten wurde es ziemlich eng für uns alle, und so übernachteten wir mit Cody und Jakob in einer umgebauten Garage, während die anderen Familien im Haus schliefen.

Nach dem Abendessen brachten wir die Jungs in unser Quartier (ungefähr sechs Meter vom Haupthaus entfernt), wo sie vor dem Einschlafen noch einen Film gucken durften, auf unserem tragbaren TV-DVD-Kombigerät (wird hoffentlich bald durch ein iPad ersetzt). Danach waren sie meistens ziemlich müde, und nach dem Gute-Nacht-Gebet und einer Runde Kuscheln dauerte es meistens nicht lange, bis sie friedlich eingeschlafen waren. Dann gingen wir zurück zu den Erwachsenen ins Haus – zuerst ich, danach Rachel. Im Lauf des Abends gingen wir in regelmäßigen Abständen rüber, um nach Cody und Jakob zu sehen. Diesmal war ich dran, und ich dachte, ich bräuchte mich so schnell nicht bei den Jungs blicken lassen, denn es sei alles in Ordnung.

War es aber nicht.

Cody und Jakob waren aus irgendeinem Grund aufgewacht und hatten Angst gehabt. Zuerst wollten sie zu uns ins Haus rüberkommen, aber der Gartenweg war ihnen im Dunkeln zu unheimlich. Daraufhin hatten sie sich in unserem Bad eingeschlossen und weinten sich die Augen aus. Dort standen sie völlig verängstigt, als ich kam und nach ihnen sehen wollte. Jakob klammerte sich verzweifelt an Codys Bein.

»Daddy, wo warst du? Warum kommst du nicht wieder?«, schluchzte Cody. »Wir sind ganz allein!«

»Ja, ganz allein«, nickte Jakob unter Tränen. Ich kniete mich neben sie, schloss sie ganz fest in die Arme und versicherte ihnen, jetzt sei alles gut, Daddy ist ja da. Cody sah mich an und wiederholte: »Wir waren ganz allein. Wir haben dich gerufen, aber du bist nicht gekommen.« Seine Worte trafen mich bis ins Mark. Ich drückte die Kinder an mich und sagte ihnen, wie leid es mir tat, und wir weinten alle drei. In dem Moment kam Rachel rein, und die Jungs erzählten ihr, was passiert war.

Wir brachten die Kinder wieder ins Bett und legten uns zu ihnen, streichelten ihnen beruhigend den Rücken und tröstend übers Haar, bis sie fest eingeschlafen waren.

Seitdem lässt mich die Szene nicht mehr los. Immer wieder habe ich ihre verstörten, traurigen Gesichter vor Augen. Auf einmal wurde mir klar, warum es so in mir nagte.

Cody ist ungewöhnlich sensibel und intelligent und verfügt über einen großen Wortschatz. Meistens drückt er sich sehr präzise aus. Und auf einmal sah ich die Worte, die er an dem Abend benutzt hatte, in einem anderen Licht.

Daddy… warum kommst du nicht wieder?… Wir sind ganz allein.

Das wird er sagen… wenn ich sterbe.

Und das Schlimmste ist: Dann werde ich ihn nicht mehr tröstend in die Arme nehmen können. Ich werde nicht mehr sagen können: »Daddy ist da. Es wird alles gut.« Wir werden uns nicht mehr alle umarmen und ihnen die Sicherheit geben können, dass Mummy und Daddy sie immer lieb haben und beschützen werden, und dass das auch für den Rest ihres Lebens so bleiben wird.

Während ich bei Gott im Himmel sein werde, frei von Trauer, Tränen, Angst und Schmerz, werden Cody, Jakob und Rachel weiterhin ihre Tage auf der Erde verbringen. Sicher auch viele schöne, erfüllte Tage, doch die Trauer wird immer Teil ihres Lebens sein. Meine kleinen Jungs werden zu großen, jungen Männern heranwachsen – aber ohne Vater. Rachel wird allein weiterkämpfen, ohne ihren Mann und besten Freund an ihrer Seite. Ich muss sagen, das alles geht mir zunehmend an die Nieren.

Als ich gestern in die Klinik fuhr, wo meine dreißigste Infusion auf mich wartete, tat ich es mit dem einen Vorsatz:

Ich werde nicht aufhören zu kämpfen.

Um mein Leben. Und für meine Frau und meine Kinder.

Ich knöpfe mein Hemd auf, die Nadel dringt in den Portkatheter, die Kochsalzlösung fließt, etwas Blut tritt aus, das Erbitux frisst sich durch meinen Körper zu den Krebszellen, und die Uhr an der Wand erinnert mich an die zahllosen Stunden, Tage und Wochen, die ich kämpfe. Ich kämpfe weiter.

Trotz Hautreizungen, Akne, Jucken und Brennen – ich kämpfe. Trotz geschädigter Nervenfasern – ich kämpfe. Trotz der vielen Stunden, in denen ich über der Toilettenschüssel hänge, weil mir speiübel ist – ich kämpfe. Trotz der Schnitte, Stiche und Narben – ich kämpfe. Und jedes Mal, wenn ich den Tod nachts an der Türschwelle stehen sehe – ich kämpfe.

So wie John Mayer in seinem Song »War of My Life« seinen Kampf beschreibt, wie er alle Engel und Wesen der unsichtbaren Welt anruft und sagt, er würde bis zum Ende kämpfen, weil er keine andere Wahl hat.

So will ich auch kämpfen, bis zum Ende. Bis der Krebs tot ist – oder ich.

Und ein Kampf erfordert Opfer, und ohne Verluste wurde noch keine Schlacht geschlagen.

IM SCHÜTZENGRABEN

Gestern die vierunddreißigste Chemo-Session. Es haut mich immer erst am Abend um, so gegen sieben. Bleierne Müdigkeit, allein schon die Augen offen zu halten, erfordert meine ganze Kraft.

Mein Kopf ist wie ein Baumwipfel, der unkontrolliert im Wind hin und her schwankt, mein Körper regungslos. Dafür ist die Übelkeit heute nur minimal, immerhin etwas Positives.

Aber es gibt noch mehr Positives:

Mit der Behandlung läuft alles nach Plan, und das Erbitux wirkt. Ich habe zwar immer noch Krebs, aber er ist unter Kontrolle und nicht lebensbedrohlich. Jedenfalls so weit, wie er sich aus medizinischer Sicht und mit neuartigen Pharmazeutika unter Kontrolle bringen lässt. Das Dexamethason, das ich während der Infusion verabreicht kriege, unterdrückt die Übelkeit ganz gut und macht auch die Hautreizungen erträglich, jedenfalls für die ersten ein bis zwei Tage. Habe, sozusagen durch Ausschlussverfahren, selbst herausgefunden, dass das Dex in meinem Fall am besten hilft. Und der Onkologe war froh über meinen Tipp und konnte es mir auch in Tablettenform für zu Hause verschreiben.

Meine Leberenzymwerte sind alle gesunken. Die Schwankungen sind im Toleranzbereich, ein gutes Zeichen. Ein sehr gutes sogar, wenn man bedenkt, dass die Leber das einzige Organ in meinem Körper ist, wo der Krebs immer noch festsitzt. Meine Leber funktioniert nach wie vor bestens. Der CA 19-9 Wert ist weiterhin stabil und mit 11,1 absolut im grünen Bereich. Der CEA-Wert schwankt von Woche zu Woche, zwischen 143 und zuletzt 174, was immer noch sehr gut ist (verglichen mit ehemals 4000). Das bedeutet einen Rückgang von über 96 Prozent seit der Behandlung mit Erbitux. Leider keinen hundertprozentigen pro Behandlungszyklus, sondern nur jeweils 5 bis 10 Prozent. An und für sich nicht schlecht, und die Zahlen bewegen sich in die richtige Richtung. Aber mir schwant, dass die letzten 4 Prozent hart erkämpft werden wollen. Nach meiner Hochrechnung – und falls der Abwärtstrend so bleibt – habe ich noch etwa dreißig Infusionen vor mir, bevor es ausgestanden ist. Fünfzehn, wenn die Werte um jeweils 10 Prozent runtergehen. Seufz.

Die Kehrseite der Medaille:

Die Behandlung ist jetzt wöchentlich, ohne Pause. Es geht langsam an die Substanz, und ein Ende ist nicht in Sicht. Die Ungewissheit ist belastend und lähmend in sämtlichen Lebensbereichen. Mein Aktionsradius ist stark eingeschränkt. Ich erscheine zu den Behandlungsterminen, suche nach neuen Möglichkeiten, mit den Schmerzen und Hautreizungen umzugehen, und liege Gott weiterhin in den Ohren. Zu mehr reicht es nicht. In den letzten zwei Wochen ging es mir besonders mies, da ich zu allem Überfluss noch Gürtelrose bekommen habe. So was kommt offensichtlich durch einen Virus, der im Körper bleibt, wenn man als Kind Windpocken hatte. Die Viren verstecken sich in den Nervenwurzeln des Rückenmarks, bereit, zuzuschlagen, sobald das Immunsystem durch Stress oder Krankheit geschwächt ist. Bei mir trifft beides zu. Wer schon mal Gürtelrose hatte, weiß, dass sie sehr schmerzhaft ist.

Mein Onkologe wollte mir wieder Dexamethason verschreiben. Aber das Dex macht mich extrem reizbar, zumal ich es schon seit achtzehn Monaten nehme. Und da Mr Hyde schon viel zu viel Zeit in unserem Haus verbringt, habe ich abgelehnt. Ich kann das Rachel und den Jungs nicht antun. Sosehr ich mir Linderung von dem Brennen, Jucken und den Schmerzen wünsche, es geht nicht.

Ich kann mir nicht vorstellen, dass all das für Rachel auch nur annähernd erträglich ist. Ich bin nicht mehr der Mann, den sie geheiratet hat, so viel steht fest. Ich weiß nur noch nicht, *wie* unerträglich es für sie ist.

Cody hat natürlich längst gemerkt, dass nicht alles so ist, wie es sein sollte. Neulich, als ich ihn und Jakob ins Bett brachte, nahm er mein Gesicht in beide Hände und zog mich zu sich heran. Nase an Nase, schaute er mir in die Augen und sagte: »Duuu … musst zum Doktor.« Dann gab er mir einen Kuss und drehte sich auf die Seite.

Also … kein Dexamethason mehr.

Ich hasse es, in den Spiegel zu schauen. Ich sehe nichts als rote, fleckige Haut, verquollene Augen, einen mit Pusteln übersäten

Oberkörper, meinen künstlichen Darmausgang mit dem Stomabeutel, meinen Ausschlag an Armen und Beinen und eingeschlafene Füße, in denen es permanent wie Nadelstiche kribbelt. Mein Aussehen war mir nie besonders wichtig. Ich glaube, ich habe meine Eitelkeit abgelegt, als ich mit zwanzig eine Glatze bekam. Die Haare wurden einfach immer weniger, und ich konnte nichts dagegen tun – also warum sollte ich mich aufregen? Meine damalige Freundin schien es nicht zu stören (jedenfalls hat sie es nie direkt gesagt), und Rachel kennt mich nur ohne Haare. Ich habe immer einen auf »Kojak« gemacht, und ich glaube, sie findet, die Glatze passt zu mir.

Trotzdem – in letzter Zeit hat mein Selbstwertgefühl empfindlich gelitten. Ich kann mich echt nicht mehr sehen. Ich weiß nie, ob mich die Leute auf der Straße anstarren, weil sie mich aus dem Fernsehen kennen oder weil ich aussehe wie ein Zombie. Ich vermute Letzteres, denn mir würde es genauso gehen. Aber, wie gesagt, keine Schlacht ohne Opfer. Ich sollte vielleicht mal meinem Ego die Kugel geben.

Tja, so sieht es zurzeit bei mir aus. Ich bin fahrig und unkonzentriert, das heißt, die Chancen, mit mir ein normales Gespräch zu führen, sind gering. Das gilt auch für Gespräche mit Gott. Es ärgert mich, weil es mir nicht gelingen will, mich aufs Beten zu konzentrieren, und ich bin zunehmend frustriert. Aber in Zeiten wie diesen stütze ich mich wieder und wieder auf Sein Wort, und dass Er zu mir gesagt hat:

Denn ich bin der Herr, dein Gott.
Ich nehme dich an deiner rechten Hand
und sage: Hab keine Angst!
Ich helfe dir.

Jesaja 41,10–13

Ich weiß, Gott hat mich nicht vergessen. Ich bin noch auf Seinem Radarschirm. Und Rachel, Cody und Jakob auch.

Ich glaube fest daran, dass ich eines Tages von dieser Krankheit befreit sein werde. Bis dahin muss ich zurück in den Schützengraben.

AUS RACHELS SICHT

Unser Auftritt bei Oprah und das ganze Drumherum waren einfach unglaublich, und ich bin dankbar, dass wir in diesen zwei Jahren solche Momente erleben durften. Die Fernsehleute hatten gesagt, wir würden in der Sendung nur einen kurzen Spot für »YouTube Sensations« aufnehmen, und wir hatten keine Ahnung, dass mehr dahintersteckte.

Nach der Show trafen wir Russell Crowe im Green Room,

Mit Russell Crowe im Green Room nach der Oprah Winfrey Show.

und er lud uns zu seiner Weihnachtsparty ein. Plötzlich passierten diese ganzen verrückten Dinge. Ich meine, wer sind wir, dass wir von Prominenten eingeladen werden? Schließlich gehören wir nicht zur High Society. Es kam mir alles so unwirklich vor. Wir haben die Musiker von der Band *Train* persönlich kennengelernt, als sie mit ihrer *Sunrise Show* auf Australien-Tournee waren, und sie schenkten uns Tickets für ihr Konzert. Ich hatte danach noch mal Gelegenheit, mit ihnen zu reden, und wir sind in Kontakt geblieben. Das alles war ein Stück heile Welt, ein Stück Leichtigkeit in unserer bedrückenden Situation.

Die Nebenwirkungen von Erbitux, diesem Wundermedikament, für das Kristian sich eingesetzt hat, damit es von der staatlichen Krankenversicherung bezahlt wird, waren wirklich schlimm. Er fühlte sich zwar damit körperlich nicht so schlapp und entkräftet, aber er bekam überall eitrige Pickel am Oberkörper, auf den Schultern, im Gesicht und auf der Kopfhaut.

Es sah furchtbar aus und war für ihn entsetzlich unangenehm, und er litt sehr unter seinem Aussehen. Oft war es mehr, als er ertragen konnte, und er sagte zu mir: »Wenn du und die Jungs nicht wären – ich glaube, ich könnte nicht mehr weitermachen.«

Schon damals hatte ich Angst, und es gab Zeiten, da hätte ich am liebsten gesagt: »Kristian, wenn du nicht mehr kannst … dann fühl dich frei, nach Hause zu gehen.«

Ich war so froh, dass er so tapfer gekämpft hat, und gleichzeitig hatte ich ein schlechtes Gewissen. Ich kam mir so egoistisch vor, wenn ich sah, wie er für uns leidet. Es war eine sehr, sehr schwere Zeit.

6

Dead man walking

DER STALKER

9. Juni 2011

Seit ein paar Wochen beschattet mich der Tod.

Ich sehe ihn deutlich, nicht in meiner Einbildung, nicht im Traum, sondern mit offenen Augen. Wenn ich nachts wach liege, steht er im Türrahmen, still und stumm, und starrt mich an. Er sieht aus wie einer von den Dementoren bei Harry Potter oder ein schwarzer Reiter aus »Herr der Ringe«. Oder wie diese Gestalten auf den Heavy Metal Alben oder Biker Tattoos. Oder wie eine Mischung aus allem.

Jetzt denkt ihr bestimmt, ich sei nicht mehr ganz richtig im Kopf, aber ich weiß, was ich sehe.

Meine Tumormarker steigen wieder.

Der CA-19-9er bleibt im 11er- bis 12er-Bereich, aber der CEA war in den letzten vier Wochen bei jedem Bluttest höher.

158 → 178 → 184 → 209 … wieder ein deutlicher Aufwärtstrend. Natürlich kann das viele Gründe haben. Vielleicht hat es auch mit der Gürtelrose zu tun. Sie ist immer noch da, und immer noch ziemlich schmerzhaft. Vielleicht kann mein Körper einfach nicht gegen beides gleichzeitig ankämpfen.

Mein ganzer Körper tut weh. Tag für Tag. Er brennt. Er schmerzt. Er juckt.

Das Einzige, was gegen das Brennen und Jucken hilft, ist das Dexamethason, aber ich hasse die psychischen Nebenwirkungen.

Die Dosis, die ich bräuchte, um die Hautentzündungen in den Griff zu kriegen, die das Erbitux verursacht, würde mich wahrscheinlich in den Wahnsinn treiben. Und meine Familie ebenso, wenn ich mich ständig in Mr Hyde verwandle. Oder von David Banner in den – gar nicht so unglaublichen – Hulk. Das Dex kann ich also vergessen.

Und jede Nacht steht der Tod an meiner Schwelle und starrt mich an. Ich weiß, dass er nicht näherkommen darf, aber es kotzt mich an, dass er überhaupt da ist.

Ich bin das Kämpfen so leid.

Gegen meine Krankheit.

Gegen die Nebenwirkungen.

Gegen die Meinung dummer, arroganter Christen, die mir erzählen, dass ich »Gott herausfordern« oder »den Helden spielen« würde.

Gegen den Staat, damit Erbitux endlich von der Kasse übernommen wird.

Gegen meinen inneren Schweinehund.

So absolut leid.

Ich werde nicht darüber schreiben, wie es mir geht.
Denn in letzter Zeit sieht es nicht gut aus.
Ich falle immer tiefer, ich lasse mich gehen … ich habe Angst, dass das mein Schicksal ist.
Wenn das alles ist, was das Leben zu bieten hat,
wenn das alles ist, was ich zu erwarten habe,
Würde ich aufgeben …
Ich will nicht lügen und so tun, als ob es mir gut ginge und alles in Ordnung wäre.
Ich kann nur daran festhalten, dass Seine Hoffnung in mir
mich leiten und mir einen besseren Weg zeigen wird.
Mit jeder Träne, die ich weine,
klammere ich mich an diese Hoffnung, die nicht stirbt.

Er wird mich nicht verlassen.
Ich werde nicht aufgeben und mich zum Sterben niederlegen.
Dies wird nicht das Ende sein.

Margaret Becker: »I Will Not Lay Down«

PASS AUF, WAS DU DIR WÜNSCHST...

... denn es könnte in Erfüllung gehen.

Es war eine ziemlich ereignisreiche Woche.

Am Dienstagmorgen gegen acht Uhr bekam ich einen Anruf von einem Mann, der mich sehr bei meiner Lobbyarbeit für Erbitux unterstützt hat. Er sagte, er wolle keine falschen Hoffnungen wecken, aber ihm sei zu Ohren gekommen, dass wir ganz nah dran seien. Und dass heute vielleicht eine positive Entscheidung fallen würde.

Und tatsächlich, um neun Uhr rief er wieder an. Die australische Regierung hat zweihundert Millionen zugesagt, um Erbitux und andere Medikamente zu subventionieren – für die Tausenden von Patienten, die sie so dringend benötigen.

Der absolute Durchbruch.

Ab dem 1. September 2011 wird Erbitux nur noch 35,50 pro Woche kosten anstatt 2000.

Für die Zyniker und Kritiker rausgeschmissenes Geld, aber für mich eine große Hoffnung. Ich höre das kollektive Aufatmen der 2000 Australier, die sich Erbitux nicht leisten konnten. Hoffnung für alle, die es sich nicht leisten konnten, um ihr Leben zu kämpfen. Menschen wie ich, die alles geben und noch viel mehr.

Es kam ganz groß in den Nachrichten, die Geschichte von diesem Mann, der Krebs hat, und der dieses Video gedreht hat, das in der Oprah-Show gezeigt wurde, und der sich dafür stark gemacht hat, dass sein Medikament subventioniert wird... Und gewonnen hat. Es gab Fotos und Interviews und Titelseiten, mit viel Lächeln, Händeschütteln und auch ein paar Tränen.

Bei all dem darf man nicht vergessen, dass zwar mein Gesicht im Fernsehen und in den Zeitungen erschien, aber dass es nicht allein mein Verdienst war, sondern unzählige andere Leute dahinterstanden, und sie verdienen genauso viel Anerkennung.

Zum Beispiel der Mann, von dem der Anruf kam. Chris Reason, ein Journalist von Channel 7. Er war von Anfang an mein Sprachrohr. Ich vertraue ihm, und er hatte ein offenes Ohr.

Unbedingt erwähnen möchte ich an der Stelle auch die Sendungen *Sunrise* auf Channel 7, *The Today Show* auf Channel 9, *Mornings with Kerri-Anne* und *6:30 with George Negus* auf Network Ten. Nicht zu vergessen auch die Radio-Interviews mit Alan Jones (einer der scharfzüngigsten Moderatoren, die ich kenne), Jason Morrison und dem Team des christlichen Senders Hope 103.2. Nicht zuletzt auch die Zeitungen *Sydney Morning Herald* und *Manly Daily*. Und vor allem: Meine Freunde beim Frühstücksradio *The Grill Team* vom Sender *Triple M* – die Leute, die den Stein ins Rollen gebracht haben, als sie mein Anliegen an Hugh Jackman weitergeleitet haben (anlässlich der Anfrage, ob er bei Rachels Geburtstagsvideo mitmachen würde).

Eine wichtige Rolle spielte Carolyn Coulton, die mich elegant und professionell durch das politische Minenfeld führte, sowie Russell Crowe, der mir auf seiner Weihnachtsparty die entscheidenden Worte ins Ohr flüsterte. Wenn der Feldherr Maximus spricht, gibt es keine Widerrede. Und Oprah Winfrey, die sich unserer angenommen und uns eine Plattform geboten hat, damit mein Anliegen bei den Entscheidungsträgern der Nation Gehör fand.

Ich danke auch euch allen für eure Mut machenden Kommentare, Briefe und E-Mails. Es vergeht kein einziger Tag ohne die ausgestreckte Hand eines Fremden, die mich rauszieht aus meinem Sumpf. Danke für eure herzlichen, mitfühlenden Worte, und dass ihr mir eure Stimme geliehen habt.

Und mein Dank gilt meinem himmlischen Vater, der mich genau in dieser Zeit an diesen Ort gestellt hat, sodass sich alles zusammenfügt, auch wenn ich es nie ganz verstehen werde. Sein Wille geschehe.

Ich weiß, was diese Worte bedeuten, und ich wähle sie ganz bewusst. Ich habe keine Angst.

JO-JO

Wir sind gerade aus unserem dreiwöchigen Urlaub in den USA zurück. Es war seit zwanzig Monaten meine erste Unterbrechung der Chemotherapie und eine willkommene Pause. Eine Chance, mich wieder normal zu fühlen und meine Batterien wieder aufzuladen. Meine Haut ist auf dem Weg der Besserung und schon fast wieder so, wie sie vor dem Erbitux-Beschuss war. Sie juckt

Auf Besuch bei unseren Freunden Tony und Brenda in Minnesota.

und brennt kaum noch, und die offenen Stellen sind fast vollständig zugeheilt.

Gestern wurde mir wieder Blut abgenommen, und vor ein paar Minuten habe ich die Ergebnisse erhalten.

Es sieht nicht gut aus.

Meine Tumormarker haben sich verdreifacht, während wir verreist waren, und bei allen sind die Grenzwerte überschritten, auch für die Leberenzyme. Das ist jetzt das dritte Mal, dass die Werte runtergehen, nur um dann sofort wieder in die Höhe zu schnellen, eine Art Jo-Jo-Effekt. Am Freitag habe ich einen Termin bei meinem Onkologen. Ich schätze, er wird mich noch mal zum CT schicken, um abzuklären, ob der Krebs gestreut hat, oder ob sich die Tumoraktivität auf die Leber beschränkt. Egal, was dabei rauskommt, für mich bedeutet das: mehr Chemo, eine Leberresektion oder mehr radioaktive Bestrahlung. Oder alles zusammen. Mehr Chemo bedeutet mehr Erbitux und einen Rückfall ins Zombie-Stadium. Mehr Brennen, Jucken und offene Stellen. Das heißt auch, dass sie den künstlichen Darmausgang vorläufig nicht rückgängig machen können. Seufz.

Dem habe ich momentan nichts hinzuzufügen. Es lief eigentlich alles ganz gut. Aber jetzt ist die Luft raus, wie bei einem kaputten Reifen.

Ich halte euch auf dem Laufenden, sobald ich mehr weiß.

Bitte betet weiter.

EIN SPATZ AUF DEM DACH

Ich bin nicht melodramatisch. Auch nicht melancholisch. Aber ich sehe meine Situation realistisch.

Wenn Gott nicht eingreift, werde ich sterben. In meiner Leber tickt eine Bombe, und ich weiß noch nicht, wie ich den Zünder herausdrehen muss, um sie zu entschärfen. Und die Zeit läuft.

Manche von euch haben einen Kommentar geschrieben zu meiner Aussage vor ein paar Wochen: »Ich weiß, was diese Worte bedeuten und ich wähle sie ganz bewusst. Ich habe keine Angst.« Wer dachte, ich hätte damit gemeint, dass ich keine Angst vor dem Sterben habe, liegt nicht ganz richtig. Ich glaube, ich habe meine Ängste zu dem Thema schon mal beschrieben. Daran hat sich nichts geändert. Angst vor dem Tod ist menschlich, und ich möchte auch weiterhin gern wie ein Mensch fühlen. Aber so lange sich die Dinge nicht zum Besseren wenden, ist die Aussicht zu sterben, sehr real.

Was ich gemeint habe, ist vielmehr: Ich habe keine Angst, weil ich weiß, dass ich Gott mein Leben anvertrauen kann. Denn Er kennt mich und wird mir mit Liebe und Erbarmen begegnen.

Wie kann ich da so sicher sein?

In der Bibel steht:

Welchen Wert hat schon ein Spatz auf dem Dach? Man kann zwei von ihnen für einen Spottpreis kaufen! Trotzdem fällt keiner tot zur Erde, wenn es euer Vater nicht will. Bei euch sind sogar die Haare auf dem Kopf alle gezählt. Darum habt keine Angst! Ihr seid Gott mehr wert als ein ganzer Spatzenschwarm.

Matthäus 10,29–31

Gott kümmert sich um einen kleinen Vogel. Es ist ihm nicht egal, wenn er vom Himmel fällt. Nur ein liebender Gott sorgt sich um etwas so Kleines – und um mich umso mehr.

Wenn Gott die Liebe ist (1. Johannes 4,8), dann folgt daraus, dass Er geduldig und freundlich ist (1. Korinther 13,4).

Während also der Krebs in meinem Körper herumkriecht – mit dem Ziel, mich um die Ecke zu bringen – habe ich immer noch den Gott des Himmels an meiner Seite, der verspricht, mir zu helfen.

Wenn ich an diesen Gott glaube und behaupte, dass ich ein

Nachfolger Jesu bin, dann muss ich auch glauben, was er sagt. Und weil er der Weg, *die Wahrheit* und das Leben ist (Johannes 14,6), können seine Worte nicht unwahr sein. Er kann nicht lügen, denn eine Lüge kann nicht innerhalb der Wahrheit existieren. Und ich kann mich darauf verlassen, dass er zu seinem Wort stehen wird, denn in der Bibel heißt es auch:

> *Gott ist kein Mensch, der lügt. Er ist nicht wie einer von uns, der seine Versprechen bald wieder bereut. Was er sagt, das tut er, und was er ankündigt, das führt er aus.*
>
> 4. Mose 23,19

Während ich hier neben meinen Söhnen im Bett liege und ihren gleichmäßigen Atemzügen lausche, den süßen Duft ihrer Haut einatme und sehe, wie sich ihr Brustkorb hebt und senkt, lasse ich alles los und lege es Gott zu Füßen.

Jetzt verstehe ich, was es heißt, sein Leben zu verlieren, um es zu finden (Matthäus 10,39).

Vom Staub der Erde bin ich gemacht, und werde eines Tages wieder zu Staub werden. Ohne den Atem Gottes bin ich nichts als Staub. Deshalb flehe ich zum Himmel, mit den einzigen Worten, die ich habe:

Gott, hilf mir.

Du hast es versprochen. Ich bin hier und warte.

DIE LETZTEN WERDEN DIE ERSTEN SEIN

Ich möchte in meinem Leben etwas Großes vollbringen.

Manche Leute werden vielleicht wohlwollend sagen, dass mir das bereits gelungen sei. Mein unermüdlicher Kampf gegen den Krebs, das Geburtstagsvideo für Rachel, der Fernsehauftritt bei Oprah, meine Lobbyarbeit – alles Dinge, die mich vielleicht in diese Kategorie katapultieren. Aber, ehrlich gesagt, ich freue mich zwar über die lobenden Worte, aber ich halte meine Taten für nichts Besonderes. Und das ist kein Understatement. Ich sage das, weil ich spüre, dass ich bald keine Kraft mehr haben werde. Ich »hänge an einem dünnen Faden«, wie ein Freund in einem seiner Songs schrieb.

Mein Problem ist: Um Großes zu erreichen, braucht man Zeit. Die ich vielleicht nicht mehr habe.

Wenn ich »etwas Großes« sage, meine ich damit nicht Dinge wie Ruhm oder Anerkennung. Ich will nicht jemand sein, der auf der Beliebtheitsskala ganz oben steht und von allen bewundert wird. In Lukas 6,26 werden wir gewarnt:

Wehe euch, die ihr jetzt von allen umschmeichelt werdet, denn die falschen Propheten waren schon immer beliebt.

Ruhm und Berühmtheit sind vergänglich, und Ehrgeiz – nun ja, ich kenne viele ehrgeizige Leute, und ich mag sie nicht besonders. Sie scheren sich meistens nicht darum, wen sie auf ihrem Weg nach oben mit Füßen treten. Erst wenn sie die Leiter wieder runterklettern und selbst das Nachsehen haben, merken sie, welche Auswirkungen ihr Verhalten auf andere hatte. Aber die Verletzungen bleiben, und der Schaden, den sie angerichtet haben, lässt sich nicht mehr rückgängig machen.

Aber zurück zur wahren Größe.

Ich bin froh, dass ich ein ruhiges Leben führe. Genau genommen, ich bin froh, dass ich überhaupt ein Leben führe. Ob reich oder arm, erfolgreich oder erfolglos, schwer oder leicht oder von allem ein bisschen – ein Leben zu haben ist schon ziemlich toll, wenn ihr mich fragt. Ein Leben ohne Krankheit und Schmerzen wäre sogar noch besser. Aber ich nehme es, wie es kommt. Es gibt drei wunderbare Menschen, die mich brauchen. Ich lasse sie nicht hängen.

Damals, nachdem sich der erste Schock über die Diagnose Krebs gelegt hatte, habe ich angefangen, über mein Leben Bilanz zu ziehen. In jenen ersten Wochen, bevor ich mit der Chemotherapie begann und noch nicht wusste, ob sie anschlagen würde und ob ich eine Chance hatte, machte ich mir Gedanken darüber, was man nach meinem Tod über mich sagen würde. Was würde von mir bleiben, wenn ich gegangen bin? Wäre mein Leben ein Ruf von einer fernen Klippe, wie würde das Echo klingen?

In dem Film *Eddie and the Cruisers* sagt Eddie Wilson: »Was ich will, sind Songs mit einem Echo. Was wir hier machen, sind alte Bettlaken: Man legt sie auf die Matratze, sie werden schmutzig, man stopft sie in die Waschmaschine, und immer wieder von vorn. Aber unsere Songs … unsere Songs sollen uns für immer einhüllen wie eine Decke.«

Ich mag diesen Vergleich, auch wenn er aus dem Mund eines Filmhelden stammt.

Ich will ein Leben, das, wenn es vorüber ist, Erinnerungen und Gefühle zurücklässt, in die sich die Menschen, die ich liebe, einhüllen können wie in eine warme, tröstende Decke.

Aber wie erreicht man das?

Im Markusevangelium steht folgende Geschichte:

Sie kamen nach Kapernaum. Als sie im Haus waren, fragte Jesus die Jünger: »Worüber habt ihr unterwegs gesprochen?« Doch sie schwiegen verlegen; denn sie hatten sich darüber gestritten, wer von ihnen der Wichtigste sei. Jesus setzte sich, rief die zwölf Jünger zu sich und sagte: »Wer der Erste sein will, der soll sich allen anderen unterordnen und ihnen dienen.«

Markus 9, 33–35

Ich will euch auch eine Geschichte erzählen.

In unserem USA-Urlaub neulich verbrachten wir mit den Kindern viel Zeit in den Händen der Walt Disney Company. Disneyland, Disney World, Disney Hotels und sogar eine Disney Kreuzfahrt. Es war fantastisch. Oprah hatte gesagt, dass wir unsere Kräfte im Leben weise einteilen sollen, weil wir alle nur begrenzte Energiereserven haben, die irgendwann zu Ende sind, und sie hatte recht. Mein Energiereservoir musste dringend wieder aufgefüllt werden. Also ließen wir es uns gut gehen.

Am Ende unserer dreiwöchigen Rundreise machten wir noch mal kurz in Los Angeles Station. Nicht lange genug, um alle Freunde zu besuchen, aber lange genug für einen letzten Besuch in Disneyland.

Bekannte hatten uns das *Blue Bayou Restaurant* empfohlen,

Unbeschwerte Tage auf der Disney Kreuzfahrt im Juli 2011.

das zum »Pirates of the Caribbean« Themenpark (die beste Attraktion neben den *Star Wars Tours*, finde ich) gehört, und es war uns tatsächlich gelungen, dort einen Tisch zu reservieren.

Wir saßen direkt am Wasser, und die Atmosphäre war märchenhaft. Die Beleuchtung bestand nur aus Kerzen und Laternen, und wir fühlten uns in das alte New Orleans zurückversetzt und ließen uns verzaubern von Südstaatenflair und Bayou-Country-Romantik. Vom Balkon herab wehten die melancholischen Klänge einer Jazzgitarre, die aussah wie eine Gibson ES-335. Unser Kellner kam an den Tisch und stellte sich vor, ein stattlicher schwarzer Mann namens Al. Er war mir auf Anhieb sympathisch. Das Aushängeschild von Disney ist das aufmerksame Personal. Wir haben auf unserer Reise nur gute Erfahrungen gemacht und waren jedes Mal hin und weg, wie freundlich und zuvorkommend wir bedient wurden. Ein Konzern kann noch so einen großen Namen haben, aber er wird sich nicht lange halten, wenn das »Bodenpersonal« nichts taugt. Für Disney dagegen ist das Personal die beste Werbung.

Aber zurück zu Al. Nachdem er unsere Bestellung aufgenommen hatte, sauste Rachel noch mal schnell rüber zum *Splash Mountain*, einer riesigen Wildwasserbahn. Jakob war in seinem Kinderwagen eingeschlafen, und Cody und ich spielten mit seinen *Star Wars*-Actionfiguren auf dem Tisch. Al und ich kamen ins Gespräch, über Australien, über unsere Reise, und ein bisschen über meine Situation. Gegen Ende unserer Unterhaltung sagte ich irgendwann: »Wenn Sie Frau und Kinder haben, machen Sie sich nicht zu viele Gedanken über materielle Dinge. Sie brauchen sich nicht den Kopf zerbrechen, was Sie ihnen noch alles kaufen oder schenken sollten. Denn wenn Sie eines Tages nicht mehr da sind, werden sie sich nicht an das Materielle erinnern, sondern an Sie als Mensch.« Ich habe keine Ahnung, warum ich das gesagt habe, es kam einfach so über mich. Al stand zuerst da und sagte gar nichts, drehte sich um, zögerte, drehte sich noch mal um und murmelte etwas von »mich um Ihre Bestellung kümmern«.

Als er zurückkam, schien er irgendwie verändert, etwas Ruhiges und Bestimmtes lag in seinem Gang. Er sagte, unser Essen würde bald kommen, und »es sei alles erledigt«. Ich verstand zuerst nicht, was er meinte, und er sagte, die Rechnung sei schon beglichen, er würde uns gern einladen. Ich sagte ihm, das sei sehr großzügig von ihm, aber das könnten wir unmöglich annehmen. Mit Getränken und Beilagen würde ein stattlicher Betrag zusammenkommen. Ich diskutierte noch eine Weile mit ihm herum, aber er ließ sich nicht davon abbringen. Es sei ihm wichtig, und er täte es gern. Damit drehte er sich um und ging.

Ich saß da und war dankbar für das schummrige Kerzenlicht, denn meine Augen schwammen schon wieder. Rachel kam durchnässt und gut gelaunt von der Wildwasserrutsche zurück, und bald darauf stand unser Essen auf dem Tisch. Unsere Mahlzeit verlief ziemlich schweigsam. Ich konnte nicht viel sagen.

Als es Zeit war zu gehen, hielt ich Ausschau nach Al. Er kam an unseren Tisch, und ich stand auf und umarmte ihn. Ich bedankte mich noch einmal für seine selbstlose Geste und sagte ihm, dass Gott im Himmel sein Zeuge war, auch wenn es vielleicht sonst niemand mitbekommen hatte.

In Matthäus heißt es:

Der König wird ihnen dann antworten: »Das will ich euch sagen. Was ihr für einen meiner geringsten Brüder getan habt, das habt ihr für mich getan!«

Matthäus 25,40

Ich sagte ihm, dass ich ihm gerne auch etwas mitgeben würde, und fragte ihn, ob ich für ihn und seine Familie beten dürfte. Er bejahte, und ich legte meine Hand auf seine Schulter und sagte. »Jesus, segne diesen Mann.« Und da war es auf einmal, dieses

Gefühl, als ob sich eine warme Decke um mich legt. Gottes Gegenwart. Wir umarmten uns noch einmal, diesmal beide mit feuchten Augen. Zum Schluss tauschten wir noch Adressen aus, bevor wir das Restaurant verließen und ins Hotel zurückfuhren, um unsere Sachen zu packen. Am nächsten Tag flogen wir zurück nach Sydney.

Meint ihr, Al sei an jenem Tag mit dem Vorsatz aufgestanden: So, heute mache ich mal was ganz Tolles? Wohl kaum. Er dachte wahrscheinlich, es würde ein ganz normaler Arbeitstag werden. Und ich dachte, wir würden uns einen schönen Tag in Disneyland machen, mehr nicht. Stattdessen fuhr ich verändert nach Hause, tief bewegt von der Menschlichkeit und Güte eines Einzelnen. Was Al getan hat, ist wahre Größe, und es wird für immer in mir nachklingen.

Ich denke, der Schlüssel zu wahrer Größe ist Selbstlosigkeit. Indem wir anderen helfen, wachsen wir über uns hinaus. Ihnen zuliebe stellen wir uns selbst zurück. Die Letzten werden die Ersten sein.

Dazu braucht man kein Millionär zu sein. Jeder von uns kann sich fragen: Was habe ich zu geben? Was kann ich gut? Vielleicht bist du Automechaniker. Braucht jemand in deinem Bekanntenkreis Hilfe beim Reparieren? Vielleicht hast du einen grünen Daumen. Gibt es in der Nachbarschaft Leute, die Hilfe bei der Gartenarbeit brauchen? Vielleicht kannst du gut mit Zahlen umgehen. Kennst du jemanden, der nicht weiß, wie er seine Steuererklärung ausfüllen soll? Vielleicht kochst du gern und fragst dich, wen du mit einer leckeren, warmen Mahlzeit überraschen kannst. Oder wer sich über Hilfe beim Frühjahrsputz freuen würde. Es gibt tausend Möglichkeiten. Und wenn dir im Restaurant danach ist, für die Familie am Nachbartisch die Rechnung zu bezahlen, dann tu es. So kannst du in deinem Leben Großes vollbringen und das Leben derer verändern, die dir begegnen. Ich weiß es, denn ich spreche aus Erfahrung. Alles, was ich aufgezählt habe, haben hilfsbereite Menschen für mich und meine Familie getan. Und tun es immer noch.

Jesus sagt: »Was ihr für einen meiner geringsten Brüder getan habt, das habt ihr für mich getan.«

»Lieben« ist ein Tätigkeitswort.

Lasst euch das mal durch den Kopf gehen. Und dann schaut euch um, ob jemand Hilfe braucht.

Denn die brauchen wir alle.

EINES TAGES

Cody und Jakob, ihr bedeutet mir alles. Daddy hat euch sehr lieb.

Alles, was ich tue, tue ich für euch.

Eines Tages werdet ihr es verstehen.

Ein Video von Cody und Jakob, das Kristian gedreht hat.

WEIL ICH MICH SO ENTSCHIEDEN HABE

Agent Smith: »Wieso, Mr Anderson? Warum tun Sie das? Warum aufstehen? Warum weiterkämpfen?
Glauben Sie wirklich, Sie kämpfen für etwas? Für mehr als Ihr Überleben?
Können Sie mir sagen, was es ist? Wissen Sie es überhaupt?
Ist es Freiheit? Oder Wahrheit? Vielleicht Frieden?
Ja?
Nein?
Könnte es für die Liebe sein?
Illusionen, Mr Anderson! Launen der Wahrnehmung. Vorübergehende Konstrukte eines schwächlichen menschlichen Intellekts, der verzweifelt versucht, eine Existenz zu rechtfertigen, die ohne Bedeutung oder Bestimmung ist, und sie alle sind genauso künstlich wie die Matrix selbst.
Allerdings, nur menschlicher Verstand kann etwas so Geschmackloses erfinden wie die Liebe. Das müssten Sie doch selbst sehen, Mr Anderson. Das müssten Sie inzwischen wissen. Sie können nicht gewinnen. Es ist zwecklos, weiterzukämpfen.
Wieso, Mr Anderson? Wieso? Wieso bestehen Sie noch?«

Neo: »Weil ich mich so entschieden habe.«

Aus: »Matrix Revolutions« (2003)

NOCH EINE CHANCE

Die letzten paar Wochen waren ziemlich verrückt.

Ich war in drei verschiedenen Ländern, habe einen Musikdokumentarfilm mit einer meiner Lieblingsbands gemacht, neue Freundschaften geschlossen und hatte eine Reihe von Untersuchungen im Krankenhaus.

Diese Woche war auch Jakobs Geburtstag. Er ist drei geworden. Als der Krebs bei mir festgestellt wurde, war er erst ein Jahr alt. Das heißt, er kennt seinen Daddy nicht anders als immer »ein bisschen krank«. Als ich seine leuchtenden Augen sah, während er seine Geschenke auspackte, wurde mir wieder bewusst, warum dieser Kampf so wichtig ist. Macht mit mir, was ihr wollt – mit meinem Körper und meiner Psyche – aber ich werde weiterkämpfen. Und sei es nur um meiner Kinder willen.

Meine Marker klettern ständig weiter in die Höhe, seit wir von unserer Reise zurück sind, was absolut kein gutes Zeichen ist. Daraufhin wurde ein PET-Scan gemacht (der erste seit meiner Diagnose). Detaillierter als durch ein PET-Scan geht es nicht, und ich war froh, dass wir danach endlich Klarheit haben würden, wie es in meinem Inneren aussieht.

Meine größte Angst war, der Krebs hätte sich auf andere Organe ausgeweitet.

Das ganze Wochenende warten und bangen wir. Dann, am Montag, das Ergebnis: Keine neuen Tumoren, es sind wirklich nur die auf der Leber. Vier von ihnen erscheinen schwarz auf den Bildern, was bedeutet, dass sie Blut enthalten und aktiv sind. Zwei sitzen am oberen Ende der Leber, zwei am unteren, und sie benehmen sich ziemlich daneben. Dann gibt es noch einen kleineren Tumor, der anscheinend runter in den Beckenbereich auf den Psoas-Muskel »gerutscht« ist. Er könne jedoch, sagen die Ärzte, durch gezielte Bestrahlung leicht beseitigt werden.

Da wären wir also wieder: Noch mehr Strahlen. Noch mehr SIRT.

Andererseits bin ich froh, dass wir diese Option noch haben. Ich hatte gehört, dass SIRT wegen der hohen Strahlenbelastung eine einmalige Sache sei, und im November 2010 hatte ich bereits eine heftige Dosis bekommen. Zum Glück war das Team im St. Vincent Hospital hier in Sydney a) froh, mich zu sehen und b) sich einig, dass es machbar ist, am besten so schnell wie möglich. Ich soll am nächsten Donnerstag zur Voruntersuchung kommen, und wenn alles gut geht und die Blutgefäße in Ordnung sind, eine Woche später zur Infusion.

Beinahe beschwingt fuhr ich von der Klinik nach Hause. Ich weiß, es klingt komisch, aber ich war einfach nur froh, dass die Ärzte grünes Licht gegeben hatten. Als ich das Krankenhaus heute betreten habe, hatte ich noch keine Ahnung, wie es weitergehen sollte. Und jetzt, eine knappe Stunde später, bin ich auf dem Heimweg und weiß: Ich habe noch eine Chance. Und nicht nur das, sondern ich weiß auch, dass die Ärzte sehr zuversichtlich sind, dass die Strahlen den Problem-Tumoren diesmal wirklich den Rest geben werden. Beinahe hätte ich laut gejubelt. *Ich habe noch eine Chance!*

Noch eine Chance zu kämpfen.

Noch eine Chance zu leben.

Noch eine Chance, die Geburtstage meiner Kinder zu erleben.

Noch eine Chance, mit meiner Familie Weihnachten zu feiern.

Noch eine Chance, morgens neben meiner wunderbaren Frau aufzuwachen.

Noch eine Chance, Gott für Seine Barmherzigkeit zu danken, die mich täglich umgibt auf meinem Weg durch dieses schier endlose Tal. Seine Verheißungen strahlen hell wie ein Leuchtfeuer in der Dunkelheit und weisen mir den Weg, wenn alle anderen Lichter verlöschen.

Es sind sicher nicht die günstigsten Umstände für eine erneute

Behandlung. Ich habe eine zweijährige, Nonstop-Hammer-Therapie hinter mir und bin insgesamt ziemlich angeschlagen. Der Kampf ist nicht spurlos an mir und meiner Familie vorbeigegangen. Und, macht euch keine falschen Hoffnungen, der Krieg ist noch nicht zu Ende.

Aber ich bin bereit. Ich war bereits auf diesem Schlachtfeld, ich kenne mich aus vor Ort, und ich habe eine Strategie, die sich bewährt hat. Smith und Anderson werden hier noch einmal zum Duell antreten. Ich werde Schläge einstecken müssen, aber ich weiß, ich kann es schaffen.

Das Leben ruft nach mir. Mein Leben hat sich zwar nicht so entwickelt, wie ich es mir vorgestellt hatte, aber ich stehe hier, gepanzert und gewappnet. Und ich bin bereit.

Es soll keiner versuchen, mich aufzuhalten.

AUS RACHELS SICHT

Kristian liebte Neuseeland. Wir sprachen davon, dorthin zu ziehen, wenn er wieder gesund war. Und dass er schnell wieder Arbeit finden würde, weil er so vielseitig war. Unsere langfristige Planung war, mit der ganzen Familie nach Neuseeland zu gehen.

Aber sehr schnell wurde uns klar, dass wir unsere Zukunft nicht fest planen konnten. Nachdem wir nach der Oprah-Sendung das Geld bekommen hatten, redeten wir darüber, was wir damit machen wollten. Wenn alles überstanden war, wollten wir eine Disney-Kreuzfahrt machen, und Kristian wollte eine große Party feiern und alle einladen, die uns in jener Zeit beigestanden und unterstützt haben. Er wollte noch so vieles tun.

Eines Abends, als wir darüber sprachen, sagte er: »Warum wollen wir mit der Disney-Kreuzfahrt noch so lange warten? Wir wissen nicht, was die Zukunft bringt, wir haben das Geld jetzt, und du hast Schulferien. Warum sollten wir nicht gleich fahren?«

Kristian holte Informationen ein und stürzte sich in die Reiseplanung. Er liebte solche Projekte, er war der geborene Planer. Zuerst war im Juli auf dem Schiff alles ausgebucht, und wir überlegten, ob wir die Reise lieber in den Weihnachtsferien machen sollten.

Doch dann bekam Kristian eine E-Mail, in der es hieß, aufgrund einer Stornierung sei eine Kabine frei geworden. Er buchte die Kabine sofort, und anschließend planten wir die Flüge und die anderen Eckdaten der Reise. Auf alle Fälle wollten wir Tony und Brenda besuchen, unsere ehemaligen Nachbarn, die zurück in die Staaten gezogen waren. In Florida verbrachten wir noch ein paar Tage in Disney World, und es war einer der besten Urlaube, die wir je hatten.

Ich bin so froh, dass wir es damals wahr gemacht haben, denn ein paar Monate später brach alles über uns herein. Über Weihnachten wollten wir nach Neuseeland fliegen, aber spätestens im Oktober wurde uns klar, dass wir nicht mehr so weit voraus planen konnten, sondern nur noch von einem Tag zum nächsten.

7

Durch die Risse scheint das Licht

LICHT UND LEBEN

21. September 2011

In seinem Gedicht *At the Foot of Heaven* beschreibt Kevin Max Smith, wie sich die Engel um sein Bett herum versammelt haben – manche, um zu trösten, andere, um zu kämpfen.

Als ich jünger war, hatte ich das große Glück, als Licht- und Soundtechniker bei vielen Live-Konzerten dabei zu sein, auf Bühnen, im Theater, in Kirchen und verrauchten Kneipen. So habe ich mein Handwerk gelernt. Darunter war auch das Konzert einer Band namens DC Talk im *Perth Entertainment Centre* (das inzwischen abgerissen wurde). Kevin Max Smith war einer der Sänger der Band.

Gerade kam der Anruf vom Krankenhaus, mit der Bestätigung des morgigen Termins für die Voruntersuchungen für die Radiotherapie und das Test-Implantat. Von morgens halb acht bis nachmittags um fünf werde ich geröntgt und mit Computertomografie und Gammakameras durchleuchtet und fotografiert, um den Gefäßverlauf zu prüfen und somit, ob SIRT überhaupt durchführbar ist.

Ich bin dringend auf diese Behandlung angewiesen, aber ich weiß auch, dass sie viel Kraft kosten wird. Kraft, die ich zurzeit nicht habe. Ich fühle mich körperlich ziemlich schwach und psychisch alles andere als stabil.

Ich weiß, was mich morgen erwartet. Ich habe zwar gesagt,

dass ich alles tun werde, um diesen Kampf weiterzuführen, aber der Gedanke daran, was vor mir liegt, macht mir Angst. Ich weiß, wie unangenehm es sein wird. Ich weiß, dass ich hinterher drei Stunden lang still liegen muss und mich absolut nicht bewegen darf, damit der Einstich in meiner Leberarterie heilen kann. Ich weiß, dass sich Rachel und die Kinder ungefähr eine Stunde, bevor ich entlassen werde, auf den Weg machen und sich durch den dicksten Berufsverkehr quälen, um mich abzuholen. Ich weiß, dass ich mich zusammenreißen muss, um nicht in Tränen auszubrechen, wenn ich sie sehe. Tränen der Erleichterung. Oder weil ich so unendlich müde bin. Ich weiß, dass Cody sich wahrscheinlich erinnern wird, dass ich ihm und Jakob beim letzten Mal in der Cafeteria einen Schokoladenkuchen spendiert habe, und hoffe, dass ich auch dieses Mal daran denken werde.

Ich habe Angst, echte Angst.

Was ist, wenn sich meine Blutgefäße inzwischen so verändert haben, dass die SIRT-Infusion nicht möglich ist? Wenn die Ärzte sagen: »Nein, tut uns leid, aber das Risiko ist zu groß?« Sie haben diesen Eingriff Hunderte von Malen durchgeführt, und sie wissen, wovon sie reden.

Was ist, wenn?

Was ist, wenn?

Was ist, wenn?

Gott, ich weiß, ich habe gesagt »Dein Wille geschehe«, und dazu stehe ich immer noch. Und ich bitte dich, dass du morgen auf meinem Weg durch die Krankenhausflure bei mir bist, so wie vor fast einem Jahr.

Ich habe Angst.

In dir ist keine Finsternis, denn du bist lauter Licht.

Vertreibe die Finsternis, mein Gott.

Schenke Licht.

Schenke Leben.

Das ist mein größter Wunsch.

SIRT 2.0

Der Probelauf war diesmal perfekt.

Die Ärzte konnten einige potenzielle Gefäßundichtigkeiten abwenden und verhindern, dass radioaktive Partikel in Nachbarorgane gelangen (wenn ich das richtig verstanden habe), und waren sehr zufrieden. Die Voraussetzungen seien optimal, sogar besser als beim letzten Mal, und man erwarte gute Resultate.

Komisch ist, dass ich mich an fast gar nichts erinnern kann, nachdem das Lokalanästhetikum gespritzt war. Ich spürte nur noch ein ganz leichtes Ziehen, als mir der Katheter in die Leiste geschoben wurde. Vielleicht liegt es daran, dass die letzte Behandlung schon so lange zurückliegt. Oder ich habe in den zwei Jahren eine ziemlich hohe Schmerztoleranz entwickelt. Jedenfalls war die ganze Prozedur nicht annähernd so unangenehm wie beim letzten Mal. Ich weiß nur noch, dass ich lächeln musste, als der Arzt sagte, bei mir hätte sich in der Zwischenzeit eine neue Ader gebildet, sozusagen eine zweite Leberarterie. Werde demnächst mal recherchieren, was es mit diesem Phänomen auf sich hat, oder ob ich das falsch verstanden habe. Jedenfalls freuten sich die Ärzte darüber und fanden es offenbar alle ziemlich cool.

Noch ein positiver Nebeneffekt der Untersuchungen heute: die Entdeckung einiger kleinerer Tumoren, die auf dem PET nicht sichtbar gewesen waren. Und die werden gleich mit unter Beschuss genommen. Keine Chance für blinde Passagiere auf meiner Leber.

Alles in allem ein guter Tag. So viele vertraute Gesichter, und wir freuten uns alle, einander wiederzusehen, auch unter den ernsten Umständen. Es war ein bisschen wie beim Klassentreffen.

Heute ist auch der erste Tag seit Langem, an dem ich keinen exzessiven Esszwang verspüre. Diese Woche habe ich das Dexamethason abgesetzt, und seitdem ist es mit meinen Essstörungen besser geworden. Ich freue mich auf ein stabiles Normalgewicht und einen weniger aufgedunsenen Zustand.

Ich habe die Erlaubnis bekommen, ein Kamerateam mitzubringen, um die Behandlung nächste Woche zu filmen. Das Zusammenschneiden hinterher wird eine Zeit lang dauern, aber weil so viele Leute gefragt haben, wie SIRT funktioniert, dachte ich, das sei eine gute Möglichkeit, zu dokumentieren, was dabei passiert.

Ich möchte euch allen noch mal danken, dass ihr uns so treu zur Seite steht, es bedeutet uns sehr viel.

Bis bald, ich melde mich wieder.

DIE NACHWEHEN

Die SIRT liegt jetzt schon eine Woche zurück. Ich wusste, dass ich mich hinterher wegen der radioaktiven Strahlung einige Tage von meiner Familie fernhalten muss, und da Schulferien sind, haben wir beschlossen, dass Rachel mit den Jungs zu ihren Eltern nach Neuseeland fliegen soll. So sind sie aus der »Gefahrenzone«, und ich muss nicht zu den Nachbarn oder ins Hotel ziehen.

Sie sind so gern in Neuseeland, ihrer zweiten Heimat, und ich gönne es ihnen so sehr.

Ich verbringe meine Zeit sitzend oder liegend, während die Nebenwirkungen immer heftiger werden. Die Schmerzen, die ich noch vom letzten Mal kenne, Fieber und Schüttelfrost. Nachts schwitze ich so stark, dass ich mehrmals aufstehen und mich umziehen muss. Vor allem die Schmerzen sind unerträglich. Ich nehme hochdosierte Präparate dagegen, aber der Schmerz dringt trotzdem durch. Ich fühle das Brennen der radioaktiven Strahlen auf meiner Haut, und in meiner Leber brodelt es wie in einem Vulkan. Die Müdigkeit ist so total und kommt manchmal so plötzlich, als ob mir jemand die Beine wegkicken würde. Selbst auf dem kurzen Weg vom Arbeitszimmer ins Schlafzimmer muss ich mich zwischendurch an der Wand abstützen und anlehnen, damit ich nicht zusammenklappe. Es macht mir echt Angst.

Aber alle körperlichen Schmerzen sind nichts gegen die anhaltende Ungewissheit – die dreimonatige Warterei auf das Ergebnis. Was mir auch Sorgen macht, ist, dass während der letzten Radiotherapie, als mit der Chemo eine Pause gemacht wurde (eine willkommene Unterbrechung), der Tumor im Darm wieder angefangen hatte zu wachsen. Und wir wissen alle, was an Weihnachten passiert ist.

Aber am allerschlimmsten ist es, an der Tür zum Kinderzimmer vorbeizugehen und die leeren Betten zu sehen. Auf Codys Bettwäsche tummeln sich Dinosaurier und bei Jakob »Thomas, die kleine Lokomotive«. Im Flur lachen mir ihre kleinen Gesichter auf den gerahmten Fotos entgegen. Rachel hat mir soeben die neuesten Bilder aus Neuseeland geschickt, und ich sitze hier und heule, dass ich vor lauter Tränen kaum sehen kann, und es mir vor Schluchzen fast die Eingeweide zerreißt. Cody und Jakob. Ich liebe sie so sehr. Für sie tue ich mir das alles überhaupt noch an. Alles, um für sie am Leben zu bleiben.

GOTT!

Rette uns!

Rette unsere Familie. BITTE! *Rette mich.*

Nimm diese Krankheit ein für alle Mal von mir, und erlöse uns von dieser Last.

Ich habe keine Worte mehr. Gott, bitte hilf uns. Von Tag zu Tag werde ich verzweifelter. Ich weiß nicht, wie lange ich das noch durchhalte.

Rachel, Cody und Jakob, ich liebe euch so sehr. Ich wünschte, ich könnte euch beweisen, wie sehr.

MEINE TAGE SIND GEZÄHLT

Die letzten paar Wochen waren ganz schwer. Ich erhole mich zwar langsam von der Radiotherapie, aber diesmal bezahle ich einen hohen Preis. Die Erschöpfung ist extrem, und ich leide noch immer unter Nachtschweiß und Fieber. Aber die Symptome klingen langsam ab. Dafür landete ich letzte Woche mit einer Lungenentzündung im Krankenhaus – möglicherweise auch eine Folge von SIRT – und musste eine Woche dort bleiben. Bei der Gelegenheit stellte man fest, dass sich Flüssigkeit in der Bauchhöhle angesammelt hat, deshalb fühlte ich mich in letzter Zeit so aufgebläht. Mein Bauch wurde punktiert und das Wasser abgelassen, aber es bedeutet schlimmstenfalls, dass sich mein Allgemeinzustand gravierend verschlechtert hat. Wenn sich die Flüssigkeit schnell wieder bildet, heißt das, dass irgendetwas den Lymphabfluss behindert. In meinem Fall, als Krebspatient, gewöhnlich ein Hinweis auf Tumorzellen in der Bauchhöhle.

Damit kommen wir zu meiner aktuellen Prognose.

Am Samstag hatten Rachel und ich ein Gespräch mit dem Onkologen, und er sagte, ich hätte noch eine Lebenserwartung von drei bis sechs Monaten. Er sagte, dass ich auf keine der bekannten Medikamente und Therapien mehr anspreche. Mit der Behandlung weiterzumachen, würde nur noch einen geringfügigen Erfolg bringen, der dazu in keinem Verhältnis stünde zu den schmerzhaften Nebenwirkungen. Es ginge nicht nur darum, die Lebenserwartung zu verlängern, sondern die Lebensqualität sei genau so wichtig.

Es war niederschmetternd. Wir waren wieder gleich weit wie am Tag der Diagnose. Ich war am Boden zerstört. Das bedeutet: Alles war umsonst. Ich habe ganz umsonst gelitten und gekämpft. Eine Besserung ist nicht in Sicht, und schon gar keine Heilung. Für Rachel und mich brach eine Welt zusammen.

In den folgenden Tagen weinten wir viel. Immer wieder umarmten wir uns und sagten einander, wie lieb wir uns haben.

Jetzt wisst ihr also Bescheid. Meine Tage sind gezählt. Wenn Gott nicht einschreitet und ein Wunder geschehen lässt, werde ich definitiv sterben. Dann werde ich Rachel als Witwe zurücklassen und meine beiden Söhne ohne Vater.

Ich bin gerade dabei, ein Erinnerungsbuch für sie zusammenzustellen, mit Fotos und Texten in Briefform, um ihnen all das mitzugeben, was ich ihnen noch sagen wollte, und was für sie in ihrem späteren Leben hilfreich sein kann. Ich versuche, Angefangenes zu Ende zu bringen, Dokumente zu ordnen und dafür zu sorgen, dass meine Familie finanziell abgesichert ist. Ich muss mich darum kümmern. Alles andere wäre unverantwortlich und unfair Rachel gegenüber. Sie wird es schwer genug haben.

Bitte betet für unsere Familie. Und für mich und meine Heilung. Betet für das Wunder.

Ich habe noch nicht aufgegeben, an Wunder zu glauben.

Ich werde es nie aufgeben.

Gewiss wird Gott mich töten, dennoch vertraue ich auf ihn, denn ich will mein Leben vor ihm verantworten. Hiob 13,15

DADDY SOLL NICHT GEHEN

Neulich, als Rachel und ich die Kinder ins Bett brachten, kuschelte ich vor dem Einschlafen noch ein bisschen mit Jakob. Wie immer, erzählte er mir, wie sein Tag war und was er so gemacht hatte. Das tut er gern, und ich liebe es, ihm zuzuhören. Ich wagte einen vorsichtigen Vorstoß und sagte ihm, dass Daddy immer in seinem Herzen leben wird, egal, was passiert. Er sah mich groß an und fragte. »In meinem Herz? Oh. Okay.« Es entspann sich etwa folgender Dialog:

Ich: Also, wo wird Daddy wohnen?
Jakob: Hhhm ... im Kindergarten?
Ich: Neeiiin.
Jakob: In meinem Herz?
Ich: Ja, genau. Also, auch wenn ich mal nicht mehr da bin, werde ich dich trotzdem immer lieb haben und in deinem Herzen sein. Manchmal muss jemand fortgehen und kann nicht wiederkommen. Zum Beispiel, wenn jemand sehr krank ist.

In dem Moment kam sein älterer Bruder Cody dazu. Er wurde wütend. »NEIN!«, schrie er. »DU SOLLST NICHT GEHEN! Warum willst du weggehen, und warum kannst du nicht wiederkommen? Es gibt nur einen Daddy in unserer Familie, und das bist du, und ... und ... du kannst nicht weggehen!«

Er war völlig außer sich, und die Tränen strömten über seine Wangen wie Sturzbäche.

Das war zu viel. Ich konnte mich nicht länger beherrschen und brach in unkontrolliertes Schluchzen aus. Rachel und ich sprachen noch eine Weile mit den Kindern darüber und beteten mit ihnen, und bald darauf schliefen sie ein. Aber es war ganz schwer.

Ich muss ihnen irgendwie helfen zu verstehen, was auf sie zukommt.

Lieber Gott, kein Vater sollte das jemals tun müssen.

SCHMERZMANAGEMENT

Es ist schon eine Weile her, seit sich meine Prognose von »therapierbar« in »unheilbar, im Endstadium«, gewandelt hat.

Wir bereiten uns so gut wie möglich auf das (medizinisch gesehen) Unausweichliche vor, in verschiedenen Lebensbereichen. Unsere Eltern und Freunde sind dabei eine große Hilfe und extra aus Perth und Auckland eingeflogen.

Gemeinsam haben wir die Sachen sortiert, die wir drei Jahre lang bei einer Spedition eingelagert hatten, weil wir in unserem kleinen Haus so wenig Stauraum haben. Wir haben das Finanzielle geregelt und uns um all unsere Konten und Bankvollmachten usw. gekümmert. Bis auf ein paar Kleinigkeiten sind wir soweit fertig.

Täglich kommt eine Schwester von einem ambulanten Pflegedienst zur Drainage, das heißt, sie leitet über einen extra Portkatheter die Bauchflüssigkeit auf ein erträgliches Maß ab. Ich habe einen Rollstuhl gekriegt, was praktisch ist, denn das Laufen strengt mich inzwischen so an, dass ich nach wenigen Schritten völlig erschöpft oder außer Atem bin. Mein Darm ist unglaublich aktiv und sehr empfindlich geworden und daher zu einem weiteren Punkt auf der Schmerzmanagement-Liste. Ja, das Schmerzmanagement verläuft nach einem genauen »Fahrplan«. In den ersten Wochen haben wir alles Mögliche ausprobiert, aber inzwischen haben wir einen ganz guten Weg gefunden, mit dem auch der Arzt von der onkologischen Palliativstation zufrieden ist. Seiner Meinung nach ist Schmerzmanagement der Schlüssel. Wenn ich starke Schmerzen habe, ist es sein Versagen, behauptet er.

Trotzdem … die Schmerzmedikamente verändern meine Wahrnehmung und schränken mich körperlich stark ein. Mein Körper ist zu nichts mehr zu gebrauchen. Außer, um mich aus dem Rollstuhl zu hieven und wieder hinzusetzen oder zu legen. Ich hasse es.

Ich fühle mich überhaupt nicht mehr wie ein vollwertiger Mensch. Aber ich habe keine Wahl, wenn ich nicht vor Schmerzen schreiend von der Erde scheiden will. Denn das will ich auch nicht. Und jetzt entschuldigt mich bitte, ich muss mein Zombie-Outfit wieder anziehen.

DAS LETZTE GEHEIMNIS

Mit dem folgenden Eintrag endet Kristians Blog. Er wurde von Rachel gepostet, als Kristian ahnte, dass er gehen musste.

Durch die Risse scheint das Licht.

Ihr erinnert euch vielleicht an diesen Song von Leonhard Cohen (»There is a crack in everything, that's how the light gets in«). Und so ist es doch: Irgendwo haben wir alle unsere Schwächen, Verletzungen und Risse in unserer Fassade. Was viele als Makel sehen oder als Versagen, ist in Wirklichkeit ein Segen. Ich weiß nicht, wie viel Zeit mir noch bleibt, aber anscheinend deuten alle körperlichen und medizinischen Anzeichen darauf hin, dass mein Abschied von hier nicht mehr fern ist.

Und das jetzt, wo alle auf Weihnachten warten.

Was für eine besondere Zeit, um Abschied zu nehmen.

Kristian am 29. Dezember 2011, bei seinem letzten Blog-Eintrag.

Wir gehen aufs Christfest zu, wo wir die Geburt von Jesus, meinem Retter, feiern.

Er kam – für mich, für uns als Erlöser und Beistand in die sichtbare Welt. Und ich – ich verlasse sie gerade jetzt. Besonderes Timing.

Das Ganze ist für mich zwar immer noch ohne Logik und ohne Sinn, aber ich halte unbeirrt an Ihm fest. Außenstehende müssen denken, ich sei nicht ganz bei Trost. Wie kann ich Gott immer noch vertrauen? Mitten in diesem Wahnsinn, der bedeutet, dass ich meine Frau und meine Kinder verliere? Die Antwort ist: Ich weiß es nicht. Aber ich vertraue ihm.

Es ist das Licht, das durch die Risse dringt.

Dasselbe Licht, dem die drei Weisen gefolgt sind in jener Nacht, als der Heiland geboren wurde. Das Licht, das in die Welt kam, als Gott am ersten Schöpfungstag befahl: »Es werde Licht.«

Es ist ein Geheimnis.

Ich kann es nicht erklären. Ich kann nur immer wieder sagen: Obwohl es vollkommen unsinnig scheint, ich werde diesem Licht folgen bis zu meinem Ende.

Es ist das Licht, das für alle Menschen scheint. Und ich bin dankbar, dass es für mich scheint, denn sonst wäre ich verloren in der Finsternis, die mich umgibt.

Ich danke euch, dass ihr mich bis hierher begleitet habt. Und ich bete, dass ihr denselben Frieden findet wie ich.

AUS RACHELS SICHT

Wir wussten damals nicht, ob Kristian es bis Weihnachten schaffen würde, besonders nach seinem Rückfall im November. Ich war noch nicht mal sicher, ob er Codys Geburtstag am 22. November noch erleben würde. Er war damals schon so schwach. Er konnte nicht mehr. Er war bereit zu gehen. Wenn nicht ein

Wunder in letzter Minute geschah, dann war dies das Ende, und er wusste es.

Er hat sich von seiner zweiten Radiotherapie im September nie mehr erholt, und ich frage mich oft, ob er ohne sie vielleicht länger gelebt hätte und weniger Schmerzen hätte leiden müssen. Vielleicht war dies einfach mehr, als sein Körper verkraften konnte. Dann kam die Lungenentzündung hinzu, und im Krankenhaus stellte man fest, dass sich bereits Flüssigkeit im Bauch gesammelt hatte, und danach ging es ziemlich schnell bergab.

Kristian hatte sich noch so viel vorgenommen, und langsam wurde ihm klar, dass er nicht mehr dazu kommen würde. Er begann, Vorbereitungen zu treffen für die Zeit, wenn er nicht mehr da sein würde. Er löste seine Firma auf und ließ sie aus dem Handelsregister löschen, und er verkaufte sein iTunes Business. Für mich stellte er eine Übersicht der Bankdaten und Konten zusammen und erklärte mir die Dinge, mit denen ich mich bis dahin nie befasst hatte.

Der November war eine emotionale Berg-und-Tal-Fahrt.

Von da an schlief Kristian zweiundzwanzig Stunden pro Tag. Seine Beine waren so geschwollen, dass er sie kaum noch bewegen konnte. Alle vier bis fünf Tage wurde er von Depressionen überrollt und betete verzweifelt, Gott möge ihn nach Hause holen. Aber ich war noch nicht bereit.

Eines Tages kamen meine Freundinnen Michelle und Heidi zu uns, um mit Kristian zu beten. Während wir an seinem Bett saßen, wurde er von Gefühlen übermannt und brach in heftiges Schluchzen aus. Er sah mich an und sagte: »Ich will sterben.«

Heidi und ich tauschten einen Blick, und ich dachte nur: Jetzt ist es soweit. Aber ich konnte ihn noch nicht gehen lassen. Cody und Jakob hatten sich wie immer von ihm verabschiedet, bevor ich sie zum Kindergarten brachte, aber nicht *richtig* verabschiedet. Heidi begann, laut aus der Bibel vorzulesen, Michelle betete still, und ich lag neben Kristian auf dem Bett und sah, wie seine

Brust sich hob und senkte, und ich dachte, jeder Atemzug könnte sein letzter sein.

Es war furchtbar. Dann, etwa nach einer Stunde, setzte sich Kristian plötzlich auf und sagte, Mr Soundso schulde ihm, schulde uns für einen Auftrag noch dreitausend Dollar. Ich versicherte ihm, ich würde mich darum kümmern, er brauche sich keine Sorgen zu machen. Doch sein Gehirn arbeitete auf Hochtouren. Zehn Minuten später setzte er sich wieder auf, da ihm eingefallen war, dass irgendjemand eine Rechnung für Videoaufnahmen noch nicht bezahlt hatte, und bat mich, es bitte aufzuschreiben. Dann, es war keine Viertelstunde vergangen, als er sich zum dritten Mal aufsetzte und sagte: »Rachel, ich habe Hunger, können wir vielleicht was essen?« Da wusste ich, dass er an dem Tag noch nicht sterben würde.

Mit der Zeit wurden seine depressiven Schübe häufiger, und während seinen letzten Wochen im Krankenhaus sagte er mehrmals am Tag: »Rachel, ich will nicht mehr. Ich möchte einfach sterben.«

Ich antwortete: »Ich weiß.« Und sagte ihm, er solle ruhig loslassen, wenn er spürte, dass es soweit sei. Aber aus irgendeinem Grund war seine Zeit noch nicht gekommen. Sein Pulsschlag war kräftig, sein Körper gleichbleibend warm, und er hatte Appetit. Die Ärzte sagten, er hätte ein starkes Herz. Medizinisch gesehen, hätte er noch Monate so weiterleben können. Aber er wollte einfach nicht mehr.

Ich glaube, letztendlich hat er selbst beschlossen, dass es Zeit war, zu gehen. Und daran konnte niemand etwas ändern, sosehr ich mir wünschte, dass er noch bleiben würde.

In seinen letzten Lebenswochen wich ich nicht mehr von seiner Seite. Ich schlief im Krankenhaus in seinem Zimmer und freute mich jeden Morgen, wenn er sich umdrehte und die Augen aufschlug. Aber er hatte keinen Lebenswillen mehr. Seine Depressionen verstärkten sich. Ich war hilflos und verzweifelt, ihn so

zu erleben. Er wünschte sich so sehr, diese Welt zu verlassen. Er wusste, dass dann alles vorbei sein und er bald in der Ewigkeit bei Gott sein würde, wo es ihm besser gehen würde. Natürlich wusste ich das auch, trotzdem konnte ich ihn noch nicht loslassen.

Die Ärzte und Schwestern hatten gesagt, dass sich möglicherweise von einem Tumor ein Stück lösen könnte. Und wenn das eine Arterie blockierte, könnte es ganz plötzlich zu Ende sein. Es könnte aber auch passieren, dass Kristian irgendwann ins Koma fiele und ganz einfach einschläft. Als er dann eines Morgens nicht mehr aufwachte, wusste ich, dass es soweit war.

Die Schwestern auf der Onkologie hatten mir erklärt, dass der Sauerstoffgehalt im Blut mehr und mehr abnimmt, je tiefer ein Patient ins Koma fällt. Sämtliche Körperfunktionen werden dann ganz langsam und allmählich eingestellt. Und so war es bei Kristian, als sein Licht leise verlosch.

Am 2. Januar 2012, kurz nach acht Uhr morgens, kehrte Kristian heim zu seinem himmlischen Vater. Er schlief friedlich ein und verließ diese Welt mit einer Träne im Auge, und ich bin ganz sicher, er hat Jesus gesehen.

Ich werde ihn immer vermissen.

NACHWORT

Rachels Rede bei Kristians Trauerfeier

»Durch die Risse scheint das Licht.«
Irgendwo haben wir alle unsere Schwächen, Verletzungen und Risse in unserer Fassade.
Was viele als Makel sehen oder als Versagen, ist in Wirklichkeit ein Segen.

Aus Kristians letztem Blog-Eintrag

Mein Mann hat nie versucht, etwas zu sein, was er nicht war. Herumreden gab es nicht. Sein einziger Wunsch war, dass – auch durch seine Schwachheit – Gottes Kraft und Größe sichtbar würde. Kristian war eigensinnig, kompromisslos und manchmal schonungslos ehrlich – aber immer in dem Bestreben, sein Bestes zu geben, was in seiner Arbeit und in all seinen Projekten zum Ausdruck kam.

Er hat hier in unserer Gemeinde den Sound gemixt, und wenn ich sang, hatte er keine Skrupel, mir zu sagen, wenn ich einen Halbton danebenlag. Ich bekam keine Sonderbehandlung, weil ich seine Frau war. Wenn ich schief sang, hatte er keine Probleme, mich leiser zu drehen, so wie andere Sänger und Sängerinnen auch.

Aber wenn wir daheim eine Meinungsverschiedenheit hatten, war er immer der Erste, der kam und sich entschuldigte und die Dinge wieder ins Lot brachte.

Und er war der leidenschaftlichste, romantischste, gefühlvollste, großzügigste und tapferste Mann, den ich je gekannt habe. Ich weiß nicht mehr, wie oft in der Schule für mich vom Blumenversand *Roses Only* ein riesiger Strauß langstieliger Rosen von ihm abgegeben wurde – einfach so. Als er zur Hochzeit von Corey und Aimee in Los Angeles war, kaufte er für mich dieses Kleid, das ich heute trage, weil er es in einem Schaufenster gesehen hatte und wusste, dass es mir gefallen würde. Er schenkte mir Schmuck und überraschte mich einmal mit einer Fahrt in einer Limousine zu einem tollen Essen in einem Nobelrestaurant, nur, weil wir an dem Abend mal jemanden zum Babysitten hatten und er mich verwöhnen wollte. Und vor Kurzem schenkte er mir eine DVD mit einem ganz besonderen Video zum Geburtstag.

Kristian hat immer großen Mut bewiesen, nicht nur während seiner Krebskrankheit.

Einmal, als wir noch keine Kinder hatten, wurden wir Zeugen eines Lkw-Unfalls. Kristian hielt an, sprang aus dem Auto, und mithilfe von ein paar anderen Männern gelang es ihm, den Fahrer aus der Kabine seines umgekippten Fahrzeugs zu befreien. Ein andermal, als er mit Cody zum Eisessen wollte, sahen sie eine schreiende Frau, deren Golden Retriever von einem Staffordshire Bullterrier attackiert wurde. Ohne lange zu überlegen, ging Kristian dazwischen und versuchte, die kämpfenden Hunde zu trennen.

Er war ein wunderbarer Vater, der seine beiden Jungen über alles liebte. Er wusste, er würde sie nicht mehr aufwachsen sehen, und der Gedanke war für ihn der größte Schmerz.

Sie sind ihrem Vater so ähnlich, in vieler Hinsicht. Von Codys Eigensinn bis zu Jakobs Zähigkeit – ihr Daddy wird immer in den Kindern weiterleben und ein Teil von ihnen sein.

Bevor ich weiterspreche, möchte ich an dieser Stelle die hervorragenden, engagierten Ärzte und Schwestern im Manly Hospital erwähnen. Allen voran Dr. Page, Dr. Copeman, Trisha und Tania von der Onkologiestation – sie wurden für Kristian mit zu den wichtigsten Menschen der Welt, und er wusste, dass sie täglich und engagiert um sein Leben kämpften. Ich danke Ihnen für alles. Danken möchte ich auch den wunderbaren Schwestern von Station Süd 4 für die umsichtige, liebevolle Pflege in seinen letzten

Tagen. Zu wissen, dass Kristian in guten Händen war, wenn ich nicht bei ihm sein konnte, schenkte mir Erleichterung und inneren Frieden.

In diesen Tagen haben uns so unendlich viele Menschen unendlich viel Liebe entgegengebracht, dass ich nicht jeden Einzelnen aufzählen kann. Doch ich möchte an der Stelle besonders den Pastoren dieser Gemeinde danken, die uns in den letzten zwei Jahren seelsorgerlich begleitet und uns geholfen haben, unsere Last zu tragen. Ohne sie und ihre Hilfe würde ich jetzt nicht hier stehen.

Die vergangenen zwei Jahre waren ein ständiger Kampf. Ein Kampf, der Kristian nicht nur körperlich, sondern auch psychisch an seine Grenzen führte. An manchen Tagen kostete es ihn unendlich viel Kraft, überhaupt morgens aufzustehen. Schuld daran war nicht der körperliche, sondern sein seelischer Schmerz.

Doch es gab für ihn immer wieder Dinge, für die es sich lohnte, aufzustehen, auch wenn es ihm nicht gut ging. Er hat sich intensiv dafür eingesetzt, dass Erbitux auf die Liste der staatlich subventionierten Arzneimittel gesetzt wird. Es tat ihm gut, die Früchte seiner Bemühungen zu sehen und zu wissen, dass er damit vielen Menschen helfen konnte. Dieses Wissen machte es für ihn ein kleines bisschen leichter, seine Last zu tragen. Es war uns eine Freude und ein großer Segen, dass wir Oprah Winfrey kennenlernen durften, und wir waren sehr dankbar, als sie uns die großzügige Spende von Microsoft überreicht hat. Damit konnten wir uns die Urlaubsreise leisten, die wir machen wollten, wenn Kristian sich von seiner Krankheit erholt hatte. Die Erinnerungen an diesen Urlaub sind kostbar, und ich weiß, dass Gott dabei in vielerlei Hinsicht seine Hand im Spiel hatte. Unsere letzten drei Monate als Familie waren ein Geschenk.

Zum Schluss hatte Kristian nur noch den Wunsch, seinen irdischen Körper zu verlassen, alles Leid hinter sich zu lassen und im Himmel das neue Leben zu feiern.

Und ich bin dankbar für jeden Morgen im Krankenhaus, an dem ich neben ihm aufwachen durfte. Wie einen Schatz hüte ich die Erinnerung an unsere letzten gemeinsamen Abende, wenn ich Kristian wusch, seine Bettlaken wechselte und es ihm für die Nacht so bequem wie möglich machte. Am 30. Dezember sagte ich ihm wie immer Gute Nacht, doch am nächsten Morgen wachte er nicht mehr auf. Und am Morgen des übernächsten Tages glitt er still hinüber in die Ewigkeit.

Ich weiß, dass er bei seinen letzten Atemzügen das Gesicht Jesu sah. Ich weiß, dass er vom König der Könige gekrönt wurde, der zu ihm sagte: »Gut gemacht, mein treuer Diener.«

In den letzten gemeinsamen Monaten haben wir uns die »Herr der Ringe«-Trilogie angeschaut. Wir hatten sie schon oft gesehen, aber dieses letzte Mal haben mich die Worte in der Schlussszene von »Die Gefährten« besonders berührt. Frodo sagt: »Ich wünschte, ich hätte den Ring nie bekommen. Ich wünschte, all das wäre nie passiert.« Und Gandalf antwortet ihm: »Das tun alle, die solche Zeiten durchleben, aber es liegt nicht in ihrer Macht, das zu entscheiden. Du musst nur entscheiden, was du mit der Zeit anfangen willst, die dir gegeben ist.«

In vielen schlaflosen Nächten während Kristians Kampf gegen den Krebs lag ich weinend neben ihm im Bett, und er war derjenige, der mich tröstete. Gemeinsam fragten wir uns, weshalb gerade unsere Familie das alles durchmachen musste. Wir wussten nur, was in Jeremia 29,11 geschrieben steht: »Denn ich allein weiß, was ich mit euch vorhabe: Ich, der Herr, werde euch Frieden schenken und euch aus dem Leid befreien. Ich gebe euch wieder Zukunft und Hoffnung.«

Irgendwann begannen wir zu verstehen, dass wir auf unserem Weg für manche ein Zeichen setzten oder eine Art Zeugnis waren, einfach dadurch, dass wir Gottes Beistand erlebten. Wir haben uns oft gefragt, wie Menschen, die nicht an Jesus glauben, so etwas ertragen können. Ohne die Gewissheit, dass Gott alles in Seiner Hand hält, und dass nach diesem Leben ein anderes, besseres Leben kommt.

Nachdem Kristian gestorben war, half ich einer Schwester, seinen Körper zu waschen, und es brach mir das Herz zu sehen, wie geschunden sein irdischer Leib war. Er war von Narben bedeckt, nur noch Haut und Knochen, an manchen Stellen aufgedunsen und geschwollen. An ihm hingen ein Stomabeutel, ein Katheter, ein Portkatheter, eine Aszites-drainage und eine intravenöse Butterfly-Kanüle. Bei seinem Anblick wurde mir wieder neu bewusst, wie flüchtig unser irdisches Dasein ist. Unsere Zeit auf diesem Planeten ist nur ein winziger Bruchteil der Ewigkeit, die Gott für uns bereithält. Wir Menschen sind schwach, zerbrechlich und vergänglich.

Es ist kein Zufall, dass ihr Kristian begegnet seid. Ich glaube, dass es in diesem Leben überhaupt keine Zufälle gibt. Dass ihr hier in dieser Kirche sitzt, manche vielleicht zum allerersten Mal oder zum ersten Mal seit Langem, ist kein Zufall. Gott hat Seine Hand über euer Leben gehalten, bevor ihr geboren wurdet, und euch bis hierher geführt. Ihr seid nicht einfach irgendwie über Kristians Blog »gestolpert«. Ihr habt ihn nicht zufällig über Facebook, Twitter, durch seine Arbeit oder durch Freunde kennengelernt. Sein ganzes Dasein auf dieser Erde diente dazu (so glauben wir), um euch zum Nachdenken zu bringen – darüber, woran ihr glaubt und was für euch im Leben wichtig ist.

Das Leben ist kurz. Auch wenn jemand hundert Jahre alt wird, ist es nur ein Wimpernschlag der Ewigkeit.

Und ich möchte mich Kristian anschließen und euch sagen, dass nach diesem Leben noch etwas viel Besseres auf euch wartet. Gott segne euch alle.

Video von Kristians Trauerfeier

DANK

Mein Dank gilt allen, die uns auf unserem Weg begleitet haben, damit dieses Buch überhaupt entstehen konnte. Danke euch allen, dass ihr für uns gekocht, geputzt und gewaschen habt, danke fürs Babysitten, Bezahlen von Rechnungen, und dass wir an eurer Schulter weinen durften.

Rachel Anderson

QUELLEN

VORWORT
»Anthem« von Leonhard Cohen. Text und Musik von Leonhard Cohen. Mit freundlicher Genehmigung von Sony/ATV Music Publishing.

KAPITEL 1: FÜR ALLE, DIE ES NOCH NICHT WISSEN
»Blood Brothers« von Bruce Springsteen. Copyright © 1996 Bruce Springsteen (ASCAP). Abdruck mit freundlicher Genehmigung. Internationale Urheberrechte gesichert. Alle Rechte vorbehalten.

KAPITEL 2: EIN LANGER ATEM
»Better Way« von Mumsdollar. Copyright © 2010 Mumsdollar. Abdruck mit freundlicher Genehmigung.
»Hallelujah« von Leonhard Cohen. Text und Musik von Leonhard Cohen. Mit freundlicher Genehmigung von Sony/ATV Music Publishing.
Text »Wind in His Hair/Can You Go The Distance« von Chris Falson © 1992 Leather Chair Songs – c/o Sounds Dangerous LLC, PO Box 1147, Studio City CA 91614, USA.

KAPITEL 3: ICH KANN MICH GLÜCKLICH SCHÄTZEN
»The Man With the Nail Scars« (Meece/Liles/Hudson), © Meece Music/World Music LLC/Ariose Music. Mit freundlicher Genehmigung von Meece Music & World Music durch CopyCare Pacific Pty Ltd. (Ebenfalls mit freundlicher Genehmigung von Crossroad Publishing).

KAPITEL 4: ÜBERRASCHUNGEN

»If It Be Your Will« von Leonhard Cohen. Text und Musik von Leonhard Cohen. Mit freundlicher Genehmigung von Sony/ATV Music Publishing.

»When All Around Has Fallen« von Delirious? Text und Musik von Martin James Smith. Mit freundlicher Genehmigung von Crossroad Publishing.

KAPITEL 5: IN DER HAND DES TÖPFERS

14. Dezember 2010: Sydney, NSW. US-Talkshow-Moderatorin Oprah Winfrey mit Krebspatient Kristian Anderson und seiner Frau Rachel Anderson während der Aufnahme der »Oprah Winfrey Show« im Sydney Opera House. Veröffentlicht in: *The Daily Telegraph* – 15. Dezember 2010. Foto: John Grainger © Newspix /News Ltd/ Abdruck- und Belieferungsrechte durch Dritte.

KAPITEL 6: DEAD MAN WALKING

»I Will Not Lay Down« von Margaret Becker. Text und Musik: T Bieck/T Leah. Mit freundlicher Genehmigung von Crossroad Publishing.

Kristian Anderson, liebender Ehemann und Vater, dessen Leben Tausende berührte, war Musikproduzent, Toningenieur, Lichttechniker und Film- und Videoeditor. Er wurde in Sydney geboren und zog als Kind mit seiner Familie nach Perth.

Dort arbeitete er als Filmeditor bei der TV-Produktionsfirma Editel und beim Fernsehsender Channel 9. Später kehrte er nach Sydney zurück, wo er an der kirchlichen Hochschule »C3 Church School of Creative Arts« Musik studierte und als freiberuflicher Videoeditor tätig war. Er arbeitete fünf Jahre lang bei der Film- und Videoproduktionsfirma »Frame, Set and Match« in Sydney, danach bei RASH TV in Narrabeen, bevor er seine eigene Firma »Musikwerks« gründete.

Als er sich schwor, nie eine Neuseeländerin oder Sängerin zu heiraten, wusste er noch nicht, dass seine zukünftige Frau beide Kriterien erfüllen würde. Kristian und **Rachel Anderson** heirateten 2003 und bekamen zwei Jungen, Cody und Jakob.

Rachel unterrichtet Biologie, Chemie und Physik an der christlichen Schule »Oxford Falls Grammar School« in Sydney.

Joe Kissack

Der vierte Fischer

Wie drei tot geglaubte Fischer mein Leben retteten

Eine wahre Geschichte

224 Seiten, gebunden
ISBN 978-3-7655-1306-0

Die Nachricht geht wie ein Lauffeuer um die Welt: Drei mexikanische Fischer treiben ohne Proviant neun Monate auf dem Pazifik und legen etwa 8.000 Kilometer zurück. Schutzlos der glühenden Sonne und tosenden Stürmen ausgesetzt, kämpfen sie um jeden Tropfen Flüssigkeit, um jeden Fetzen Nahrung, um Hoffnung und ums Überleben. Was sie rettet, sind Gottvertrauen und eine Bibel.

Als der Film- und Fernsehmanager Joe Kissack von der wunderbaren Bewahrung hört, ist er wie gefesselt. Selbst in einer Lebenskrise steckend, weiß er, was es heißt, verloren zu sein – ohne Aussicht auf Rettung. Vom Wunsch getrieben, die hoffnungsvolle Geschichte der drei weiterzuverbreiten, bucht er einen Flug nach Mexiko. Die Begegnung mit den drei Fischern wird Joes Leben verändern …

LChoice App kostenlos laden,
dann Code scannen und ganz einfach beim Buchhändler Ihrer Wahl bestellen

LChoice

BRUNNEN VERLAG GIESSEN
www.brunnen-verlag.de